L'ÉPOUSE SELON DIEU

LYON. — IMP. M. PAQUET, RUE DE LA CHARITÉ, 46.

L'Epouse

selon Dieu

Tu as vécu comme une sainte,
Comme une sainte tu es morte.
Je veux te mettre sur un piedestal;
Je veux te dresser des autels.

LYON

LIBRAIRIE-IMPRIMERIE M. PAQUET

46, Rue de la Charité

1897

Si ce livre que je dédie à ta mémoire, possède la puissance de plaire, le pouvoir d'instruire, c'est à toi, ma chère absente, qu'en reviendra le mérite, parce que c'est le besoin de vivre avec toi qui m'a incité à l'écrire; c'est toi qui m'en as inspiré l'accent.

Quelque intime que soit le caractère général des notes biographiques que je consacre à la mémoire bénie de ma femme, je les ai fait imprimer en un Recueil, qui aura le double avantage de satisfaire au désir exprimé par nos amis et de contribuer à l'édification du prochain. Ces documents ne seront pas livrés à la publicité, dans toute l'étendue du mot. Ils ne sortiront pas des milieux où nous comptons des amis et ne pénétreront que dans ceux où les qualités morales de la femme sont honorées.

J'ai voulu relever le mariage par la Femme, la Femme dans le mariage.

Je n'ai pas cru devoir y insérer à titre de spécimen, quelques-unes des nombreuses lettres de sympathie, que j'ai reçues d'amis et de personnes de notre connaissance, que les qualités de ma femme avaient charmés.

Toutes ces lettres, au nombre de 102, se ressemblent au fond, par l'unanimité des sentiments de regret et des éloges adressés à la mémoire de cette chère absente.

J'ai réuni en un Recueil, joint aux notes biographiques qui précèdent, les pensées et méditations que ma femme a esquissées ou mises au net, dans trois petits cahiers que je conserve comme des reliques et que je scellerai avec nos mutuelles lettres, pour les emporter dans ma tombe.

Je n'ai rien célé de ce qui m'y concerne, afin de ne rien laisser perdre des sublimités de ce caractère, dont la synthèse est le titre même de ce livre.

D'une authenticité absolue, les récits anecdotiques qui sont à l'appendice de ce livre, ont été simplement colorés de ce ton de poésie qui convient à la morale en action.

LETTRES DE DEUIL

Mon cher C.

Il y a bien des années déjà que j'ai eu le plaisir de faire connaissance avec vous. Nous étions dans les mers du Sud, vous, revenant de Tahiti, moi, en station à Nouméa.

Tout jeune encore et sensitivement imprégné des visions quasi mythologiques de Tahiti, vous étiez déjà un esthète et vous l'êtes resté. Votre verve, pleine d'imaginatives et réelles sensations, en fait foi.

Je suis devenu esthète, moi aussi, après avoir traversé en buissonnant la route, cette illusionnante contrée du Pacifique. Depuis, j'ai quitté jeune encore la marine pour épouser la femme que je viens de perdre, après 20 ans d'une existence toute intime. Au contact de cette femme qui a été mon bon Génie, par la puissance de ses qualités intellectuelles et de sa grandeur d'âme, je suis resté un sentimental admirateur des perfectibilités morales, auxquelles la femme seule peut prétendre.

J'étais encore tout entier à mon rêve de bonheur tranquille, tant l'être de douceur et de tendresse, que j'avais pour compagne, avait développé en moi ce sentimentalisme, qui écrase sous une catastrophe.

Elle est partie, comme un oiseau de passage sur la terre, et me voilà désemparé, frappé au cœur, sans consolation possible, poussé par un attrait irrésistible vers ce refuge tombal qui s'appelle le cloître.

Quel drame intime ! qu'une plume comme la vôtre pourrait peindre de ses couleurs vraies, ce qui fut le véritable bonheur, transformé soudainement par l'impitoyable destinée, en une désespérante réalité.

Un artiste de renom va personnifier sous son ciseau, le bon Génie, sous les traits esthétiques de cette femme, dont la beauté physique rayonnait une respectueuse admiration, autant que sa grandeur d'âme en faisait une idéalité.

Quand aura sonné mon heure, mon épitaphe pourra être celle-ci :

Sentimental, j'ai effeuillé 20 années de bonheur sans souci du lendemain; sentimental, je n'ai pu survivre à mon bonheur perdu !

Il est aux alentours de Nice, une Communauté de religieux, dont le clocheton Renaissance m'apparaît éclairé de ce soleil qui invite à s'y réchauffer. Sera-ce là, ce refuge que cherche mon âme désemparée ?

Plaise à Dieu, mon cher C., que semblable catastrophe vous soit épargnée et veuillez agréer l'expression de mes sentiments d'ancienne et de sincère cordialité.   J. A.

MA SŒUR,

Que les douces et cordiales paroles de votre âme de sœur de charité, m'ont été réconfortantes ! J'en ai emporté avec moi toute la douceur évangélique pour la placer comme un baume bienfaisant sur ma douleur.

Vous êtes de ces âmes d'élite, qui n'appartiennent qu'aux êtres que Dieu a choisis pour ses élus ; c'est pourquoi, en vous quittant, je me suis senti plus fort pour la destinée vers laquelle Dieu semble m'appeler.

Plus je songe à la fin catastrophale de tout un passé d'affection, plus il me semble voir dans cette douloureuse épreuve, le doigt de Dieu.

Il m'avait donné pour compagne, une de ses filles bien-aimées, afin de me ramener aux saints et salutaires principes de la foi et, s'il ne me l'a pas laissée plus longtemps, c'est qu'il a voulu sans doute, par cet accablant chagrin, que s'achève par une orientation définitive et finale vers Lui, l'œuvre de transformation réalisée déjà par la puissante et silencieuse influence de cette femme aimée, pétrie de tendresse et toute en Dieu.

Puisque vous voulez bien me le permettre, j'irai vous demander quelquefois un peu de ce précieux baume, dont votre âme tout en Dieu, a le secret.

Que vos prières écoutées du Ciel, apportent quelque soulagement à ce meurtri de la vie, frappé au cœur sans consolation possible, qui aspire à devenir digne de la sainte qui a été son bon Génie.   J. A.

CHÈRE MADAME,

Votre très sympathique lettre m'a donné l'impression réelle qu'il me reste des amis dévoués ; je vous en suis reconnaissant. C'est grand besoin pour moi, car plus je m'éloigne de ce dénouement catastrophal, plus mon chagrin se double d'angoisse, plus le vide s'élargit autour de moi, plus la solitude me devient abîme. Je ne puis pleurer tant ma douleur est concentrée et sans détente ; le sommeil me fuit, ce sommeil réparateur qui me ferait tant de bien est remplacé depuis la mort de ma chère compagne, par d'obsédantes insomnies. Cependant, je mange avec assez d'appétence, ce qui me soutient et, le programme d'ordre matériel que je me suis imposé avant de me retirer de la vie du monde pour celle, calme et paisible, d'une maison de Dieu, me forçant à agir, l'affaissement par dépression est relativement conjuré.

J. A.

Mesdames G.,

Il me serait bien soulageant de vous revoir toutes deux, pour parler, c'est un besoin pour moi, des qualités idéales de cette femme qui a été mon bon Génie. Mais, Nice me fait peur ; je sens qu'à chaque pas que j'y ferai, je retrouverai le vide de la place qu'occupait toujours auprès de moi, ma chère absente.

Ici, il n'en est pas tout à fait de même, car pour moi Lyon n'a plus l'aspect qu'il avait avant ma perte ; c'est un milieu nouveau, comme un changement à vue, qui s'est opéré à mes yeux égarés dans le vide. Cependant je sens que je ne pourrai rester longtemps ici et, n'était de nombreuses et indispensables occupations auxquelles m'oblige le programme que j'ai la volonté de réaliser, j'aurais déjà pris mon vol vers ce Port de salut auquel j'aspire de tous mes vœux, pour y réfugier mon âme désemparée. Hier, je dînais à une table en face de jeunes mariés ;

la jeune femme, toute sémillante de beauté, se penchait amoureusement vers son mari pour écouter un mot de tendresse... Que de larmes ne présage-t-il pas, ce bonheur naissant ?

Tout à vous.   J. A.

MON R. P.,

La Providence m'avait donné pour épouse, une femme qui a été le bon Génie de mes 20 années de mariage. Dieu, pour l'accomplissement de ses desseins, l'a soudainement enlevée à mon affection.

Désemparé et sans boussole en face d'une telle catastrophe, j'erre à travers les foules comme un débris cosmique erre dans l'espace, hors de son orbite perdu. M'en remettant désormais à Dieu, que j'ai souvent offensé, du soin de ma destinée, j'obéirai à l'impulsion qu'il lui plaira de communiquer à mon état d'âme. En attendant cette voie qui doit, selon mon désir, me conduire au salut de mon âme, j'aspire comme un assoiffé de calme reposant, à l'un de ces refuges religieux qui sont un abri sûr contre les tourmentes de la vie et un milieu de méditation plein d'adoucissement pour une âme meurtrie.

J'ai pensé mon P..., à ce pieux monastère de Lérins, où je trouverai un milieu méditatif qui invite à la prière et qui élève l'âme jusqu'aux envolées célestes ; un milieu intellectuel où l'esprit est étayé de morale et de charité ; un milieu enfin, où se trouvent sans doute des réfugiés comme moi, terrassés par les grandes infortunes du cœur, vaincus de la vie, écœurés des perversités du monde où les formules de morale sociale sont renversées.

Vous plairait-il, mon P..., de m'aider de vos sages et salutaires avis, à traverser cette phase de cruelle tristesse, où toutes les énergies de mon être sont susceptibles de se briser, sans un appui moral et réconfortant. De consolation je n'en puis avoir, je le sais ; mais, si l'immatérialisation de ma perte pouvait un jour s'opérer, je pourrais plus facilement, d'âme à âme, communiquer avec l'être bien-aimé qui n'est

Ma dernière Révolte

J'étais de ces natures dont la foi est fragilement subordonnée aux éventualités de l'existence. Un dénoûment favorable, une surprise agréable, la satisfaction d'un désir me rendait la foi ; une coalition de circonstances venant à la traverse de mes visées, je sentais en moi bouillonner sourdement cette irascibilité de dépit, qui porte aux sourdes imprécations le faible qui manque de résistance contre l'adversité, qui est sans courage contre l'infortune. C'étaient surtout les oscillations de la santé périclitante de ma femme, qui me rattachaient à la foi lorsqu'elles étaient favorables, qui m'en détachaient lorsqu'elles revêtaient un caractère alarmant pour moi, douloureux pour la malade.

Tu vas mieux, lui disais-je, je rends grâce au Ciel de me conserver le bonheur de mes plus à mes côtés et vivre jusqu'à ce que je sois digne de ses vertus, de cette vie spirituelle qui n'est le partage que des âmes d'élite.

Je vous prie, mon T. R. P., de vouloir bien agréer l'expression de mon profond respect et de mes sentiments dévoués.

J. A.

Mon R. P.

Votre très soulageante lettre, en ce qui concerne les bienfaits du Ciel, qu'il faut toujours envisager dans de semblables épreuves, m'a néanmoins vivement désappointé. Mais, je ne perds pas l'espoir de trouver sur le littoral, une Communauté de pensionnaires, qui soit à proximité de votre Abbaye, avec laquelle d'ores et déjà, j'éprouve l'impérieux besoin de prendre contact. Voudriez-vous, mon P., m'aider en la circonstance, de vos saints avis et me guider dans la voie nouvelle que Dieu me trace et que je suivrai sans arrière-pensée de regrets et de retour vers

un monde qui n'a plus pour moi, que l'aspect
décevant et désolé d'une trombe d'éléments
chaotiques.   J. A.

CHÈRE MADEMOISELLE,

Je vous suis profondément reconnaissant
ainsi qu'à Madame votre mère, de la part
que, par sympathie, vous prenez à ma douleur, dont l'angoissante tristesse qui s'y
attache va grandissant.

Votre réponse, comme celle du P. P. lui-
même, au sujet de Lérins, m'a été un véritable déboire. C'était bien là, ce me semble,
que je devais trouver à tous les points de
vue, le milieu de calme religieux et d'intellectualité morale qui convient à mon état
d'âme.

Quelque ardent désir que j'aie de me détacher à peu près complètement des questions d'ordre matériel de la vie, il me va fal-
loir pour atteindre ce but cherché, une partie
de l'année commencée. Mais il faut qu'avant
l'hiver prochain, si je suis encore de ce
monde, j'aie une résidence dans la région

méditerranéenne, qui me soit adéquate, c'est-à-dire, une Communauté admettant des pensionnaires.

A ce propos, le Directeur spirituel de ma chère absente, le R. P. M., devenu le mien, me recommande d'éviter les communautés où domine l'élément étranger.

Peut-être vous-mêmes *, aidées des Dames Ursulines, pourrez-vous me guider dans la réalisation de mon objectif ; j'y compte, vous sachant dévouées et sincères dans vos amitiés.

Voyez, cherchez, conseillez-moi, et que je puisse arriver par l'immatérialisation graduelle de ma perte, à porter en moi l'âme de ma compagne, sans le poids écrasant de cette absence, que je rencontre à chaque pas.

Dieu vous préserve le plus longtemps possible d'une semblable catastrophe ; il est des bonheurs perdus qui ne se rachètent pas !

Au revoir chère Mademoiselle ; veuillez ne point m'oublier auprès de Madame votre mère et de ces Dames de Ste-Ursule.

* Mlle et Mme G..., fille et mère.

Veuillez agréer l'expression du dévoûment de celui qui a le soulagement de vous
compter parmi les quelques amis qui lui
restent.

J. A.

MON CHER F.

Vous me plaignez du fond de votre cœur,
vous qui savez, par ce que je vous en ai
fait connaître, la valeur de la compagne qui
vient de me quitter pour une vie meilleure,
c'était sa foi, telle est la mienne.

Il est dans nos coutumes religieuses de
hiérarchiser les funérailles, non les morts.
Que nous trouvions cette pratique contraire
aux principes mêmes de notre religion, les
avis sont partagés sur ce point, il nous faut
bien admettre que les plus grands honneurs
reviennent de droit aux plus dignes.

Je ne sais rien de plus sot et de plus vain
que ces démonstrations pompeuses, attribuées à des êtres vulgaires, quelque fortune
qu'ils puissent laisser après eux. La distribution aux malheureux ou l'attribution

au service du culte du prix d'un enter-
rement de tarif élevé, ne serait-ce point
là ce qui rehausserait leur nom, ce qui
les relèverait de l'obscurité?

Si ma femme avait eu un instant de re-
saisissement avant sa dernière heure, elle
m'aurait certainement recommandé, la sachant ennemie de tout apparat inutile, de
tout déploiement fastueux pour sa personne,
elle m'aurait certainement recommandé de
lui faire des funérailles de la plus modeste
pompe.

N'ayant trouvé aucune trace de ses volontés à ce sujet, j'ai trouvé naturel de lui faire
rendre les honneurs religieux les plus dignes de sa vie de piété et de charité.

L'opinion m'a d'ailleurs donné raison et
j'estime qu'elle n'a vu dans la pompe de
cette cérémonie que cette pensée, l'esprit
de vanité n'ayant rien à voir là où le mérite
seul est en cause.

Si j'avais précédé ma femme dans la
tombe, je n'aurais pas voulu, si inférieur
à elle que je fusse, lui refuser la suprême
consolation de me rendre pareils hommages.

Mais, puisque l'inexorable destin me laisse seul maître de mes dispositions à cet égard, je déclare ne vouloir d'autres funérailles, que celles qui font cortège au pauvre.

Ma Chère M...,

Je me plais à parler de ma bien-aimée Jeanne, avec les personnes qui l'ont connue et par conséquent aimée, elle, qu'il suffisait de connaître, pour l'aimer. Lorsque je parle d'elle, c'est un soulagement momentané à mon chagrin ; lorsqu'il me faut écrire, c'est autre chose, je n'ai pas le courage de m'étendre sur un si douloureux sujet, la personne à qui je m'adresse n'étant pas là, pour me soutenir dans ma détresse.

C'est à la suite d'une opération, bénigne en apparence, que notre chère malade a succombé, en proie à un délire presque continu, qu'aucune médication, si énergique qu'elle fût, n'a eu le pouvoir de dissiper. Quelques éclairs de raison lui ont permis de me dire avec l'accent de son habituelle ten-

dresse, qu'elle avait fait le sacrifice de sa
vie pour Dieu, qui le voulait ainsi et qu'elle
pouvait mourir sans arrière-pensée, puisqu'elle m'avait ramené à la notion vraie de
mes devoirs religieux.

Elle a été effectivement mon bon Génie
sur cette terre ; je la regarde comme mon
étoile, comme mon guide, maintenant que
le Ciel me l'a reprise. Mais, quelle solitude
hantée de toutes les tristesses, a subitement
créée autour de moi la cruelle réalité de ce
dénoûment inattendu ! De son vivant, ma vie,
quoique souvent attristée de ses souffrances,
avait un aliment, l'affection, un objectif, la
guérison de ses maux par tous les moyens
scientifiques, une consolation, sa vue.

Ah ! s'il me restait notre petite Marguerite,
que Madeleine devait remplacer ; mais la
mort, l'inexorable destin, l'a prise, elle aussi,
à l'âge où l'enfant est attachant par les marques de sa tendresse naissante.

Si le chagrin est une compagne, je ne
suis certes pas seul, car à tout instant, la
cruelle fait cortège à mes pensées. Cependant, après trois mois d'insomnies, qui ont

ébranlé ma santé, le sommeil m'est revenu et m'a relevé de l'abattement physique où j'étais, en apportant à mon état d'âme un soulagement passager, l'espace du sommeil.

Lorsque j'aurai accompli le programme d'ordre matériel que je me suis imposé, lequel n'est pas sans importance, je me laisserai glisser sur la pente qui aboutit à la guérison de tous les maux de cette vie.

Ta chère petite maman aura les fleurs que tu désires qu'elle ait sur sa tombe.

Je t'embrasse bien affectueusement pour elle et pour moi.

J. A.

MA CHÈRE M...,

Si tu viens me voir à L..., tu auras l'impression de la solitude sans horizon, que le départ de notre bien-aimée a étendue autour de moi.

Jaloux de cette âme d'élite, son œuvre, Dieu n'a pas permis qu'elle soit tangible au reproche de mon chagrin ; elle m'a quitté pour s'être soumise à une intervention chirurgicale, qu'elle redoutait.

Les heures me semblent longues ; cependant, les jours s'écoulent tout de même. Il est vrai que dans le chemin désertique et sans retour de ma vie nouvelle, je ne reste pas inoccupé. Je m'attache à ranimer chez les Dégénérés de la vie morale, l'étincelle d'où jaillissent les vertus propres à reconstituer la famille, pour le bien de la Société.

Je suis étonné, lorsque je regarde en face, la grandeur philanthropique de la mission que je me suis imposée, tant je m'étais cru peu fait pour ce rôle. Il est vrai que je ne fais en cela qu'obéir à l'inspiration de Celle qui me guide d'en haut. Il est vrai que la douleur est en voie de façonner ce que la puissance de ses vertus a édifié en moi.

Si tu viens à L..., je te présenterai à embrasser le Crucifix qui a reçu son dernier baiser, son baiser de sainte.

J. A.

CHÈRE MADAME B.

Il n'est pas nécessaire d'avoir été cruellement éprouvé soi-même, pour mesurer l'étendue du chagrin qui n'est pas sien, dans la perte d'un être aimé. L'intérêt porté, l'attachement ressenti, suffisent à donner part au deuil d'autrui.

Mais, quelque immense que soit le malheur qui frappe l'un de ses semblables, quelque cruelle que puisse être la douleur d'autrui, celui dont le cœur est mortellement atteint n'a point la force, dans sa détresse, de tendre la main pour des consolations à prodiguer, parce que le chagrin sans merci, annihile en partie l'altruisme et qu'il sait par expérience, que ce mal incurable ne se peut qu'atténuer et ne s'atténue qu'avec le temps.

Votre mari a reçu, c'est à n'en pas douter, la récompense qu'il a justement méritée par son exemplaire probité, par les labeurs de sa vie, dont les déboires et les

souffrances physiques ont concouru à tarir
la source.

Il jouit de la légitime satisfaction de contempler la prospérité de sa descendance,
jusque dans ses petits-enfants, sur l'avenir
desquels il appelle les bénédictions du Très-
Haut.

Il sera votre guide à vous, Madame, chez
qui il a trouvé réunies, les qualités selon la
parole divine, de l'épouse et de la mère de
famille.

Ne le pleurez pas ; d'ailleurs, avec les larmes coule le chagrin. Restez unie à lui
d'âme à âme, comme vous l'avez été en ce
monde, par une étroite et réciproque affinité,
puisque les sentiment du cœur et de l'âme
sont immortels et parce que le mariage est
indissoluble, même au-delà de la tombe.

Vous possédez une nombreuse famille,
issue de vous, qui vous rattache à la vie.
Vous avez le devoir de vivre pour achever
votre œuvre en mariant votre fille J., selon
vos vues.

Que le Seigneur daigne vous éclairer dans
le choix de plus en plus délicat d'un gendre

et, qu'Il veuille bien assurer à votre enfant, les satisfactions morales que vous avez goûtées, le bonheur des affections dont vous avez joui.

Votre bien dévoué.   J. A.

ÉPISODES BIOGRAPHIQUES

jours. Prier avec toi, lui disais-je également, à ses heures de cruelle souffrance, non, je ne crois plus à la Providence, qui frappe injustement ainsi, un être si bon, si nécessaire à ma vie, un être qui devrait avoir ici-bas, les faveurs du Ciel.

Je suis allé jusqu'à maudire en sa présence, cette Providence que je qualifiais d'inique cruauté.

Elle, toute en Dieu, soumise à sa souveraine volonté, constamment résignée à l'irrémissibilité de ses desseins, armée contre tout évènement par la sainteté de ses pensées, priait silencieusement pour mon retour à des sentiments plus conscients de la justice divine, afin d'obtenir par l'exaucement de mes vœux, un sursis à sa mort.

Je la sentais prier, j'avais l'intuition révélatrice des invocations contenues dans sa prière. Alors, j'étais touché, je me repentais de l'avoir meurtrie par tant d'irrévérence envers Dieu ; mais le dépit qui s'était emparé de mon être, grondait encore sourdement en moi.

Maintenant qu'elle n'est plus, celle qui

était indispensable au bonheur de ma vie, je voudrais reprendre pour les annihiler, ces instants maudits où ma raison défaillante s'est égarée en des luttes stériles, où mon affection n'a pas su maîtriser de si déplorables impulsions. Mais le mal, comme tout préjudice moral, n'est plus réparable quand la mort a passé. Vers ce retour il faut laisser en ce monde toute espérance.

Il ne me reste plus, après un tel châtiment de la Providence, qu'à me courber comme le condamné devant l'instrument de son supplice, en expiation des heures de rébellion de ma vie, en expiation de mes ingratitudes envers le Ciel, que je n'ai songé que trop tard à remercier de m'avoir donné pour compagne, une épouse selon Dieu.

Que me reste-t-il de ces dissolvantes exaspérations, en face de l'abîme, au milieu du vide où s'épuise désormais ma vie ?

Le souvenir amer de ce passé qui m'oppresse, le brisement de mes énergies, que j'aurais dû employer à m'assurer la quiétude d'une âme sans reproche, en face des heures décisives et solennelles de la vie, où la conscience du devoir accompli, devient une force consolatrice ; voilà ce qui me reste !

Jeanne

Elle était dans tout l'éclat de la jeunesse quand j'épousais Jeanne P..., appalie par l'écrasant chagrin de la mort encore récente de son père qu'elle aimait autant qu'elle en était chérie.

Si je lui disais, pour la rattacher à la vie, que je lui étais sincèrement attaché et qu'elle pouvait s'appuyer sur moi, je vois encore, comme si ces scènes de tendresse intime dataient d'hier, ses beaux yeux noirs, interprêtes fidèles de son âme, se tourner vers moi avec une éloquence d'expression saisissante : si ce que tu viens de me dire est sincère, j'en suis heureuse ; est-ce bien vrai ?

Tel est le sens exact de l'interrogation timide et muette, que ses yeux avaient la puissance suggestive de m'adresser en une langue faite de surnaturelle poésie.

L'appui sûr qu'elle pensa trouver en moi,

la rattacha de ce jour à la vie. Elle mit en
moi sa confiance, sa vie, tout son être enfin,
comme si elle n'était qu'une modeste frac-
tion de l'unité qui résulte de l'union harmo-
nique de deux êtres faits pour se comprendre, faits pour se compléter mutuellement.
C'était le lierre qui s'attache de toutes ses
racines, à l'arbre qu'il a choisi pour soutenir
et assurer son existence, faite chez ma
femme, de sentiments d'affection, de sincérité, de dévoûment et de noblesse d'âme.

Ai-je toujours répondu à cette tendresse
sans bornes ?

Les inégalités de mon caractère l'ont certainement fort affectée ; mais, combien ne
lui ai-je pas répété, le cœur contrit : mon
amie, je t'ai sans doute trop souvent causé
de la peine, peut-être des doutes sur la sincérité de mes sentiments exprimés ; les
mauvaises heures que je t'ai fait traverser,
je ne me les pardonnerai jamais, quelque
indulgence que tu mettes à les oublier.

Les jours heureux ont été la généralité
pour elle comme pour moi ; pour elle, parce
que je n'ai rien épargné pour lui tisser une

existence exempte des soucis et des charges
de la vie domestique; pour moi, parce que
cette femme d'exquise bonté m'a entouré
sans cesse des charmes de sa tendresse,
poussée jusqu'à la sujétion, ce qui m'amenait à lui dire : Je ne suis point ton maître,
loin de là ; je ne t'ai pas épousée pour me
servir, mais bien pour te servir, comme on
sert non un maître, mais un être supérieur
qui impose par les qualités surhumaines
dont tu es pétrie.

Là, est l'explication de la rapidité avec
laquelle se sont écoulées les heures, les
années de notre mariage. Les années, répé-
tions-nous ensemble, ne marchent pas, elles
s'envolent.

Dans le cours de ma carrière maritime,
j'ai eu, si je puis dire ainsi, le dessus du
panier de la vie, abstraction faite des épreuves climatériques qui mettent la vie en péril.
Eh bien, pour rien au monde, je ne voudrais
n'avoir pas eu le privilège d'avoir pour compagne cette femme, marquée au sceau divin,
quelque sombre que soit mon deuil, quelque
incurable que soit mon chagrin !

Claire

Elle avait pour amie, une jeune fille, Claire R... que le ciel avait douée des qualités qui sont l'auréole de la jeune fille.

Claire, élevée très simplement, rêvait dans l'avenir, le bonheur intime, fermé, du foyer conjugal. Elle se voyait la femme d'un jeune ami de ses parents, que son talent à son aube, assurait d'un avenir plein d'éclat. Elle entrevoyait, dans ce rêve de bonheur sans mélange, une nouvelle famille façonnée par ses soins inspirés, pour Dieu et pour la Société.

Une telle somme de félicité entrevue pouvait-elle être réalisée ! Cette idéale vision n'était hélas ! qu'un rêve, un rêve décevant au réveil.

L'ami d'enfance, aimé d'abord comme un frère, puis affectionné comme le fiancé selon son cœur, fixa son choix, sollicité par les siens, dans une alliance plus mondaine et plus riche.

La sentimentale amie fut frappée dans ses espérances, d'un coup de foudre ; la structure de sa frêle organisation physique, ne résista pas à ce choc.

Jeanne, ma chère Jeanne, écrit-elle à ma femme, encore jeune fille, lorsque vous viendrez à L..., je ne serai plus.

Elle était morte, la charmante jeune fille, hantée de la vision désespérante de son bonheur perdu, lorsque accourut pour recevoir son adieu suprême, celle qui était bien digne de l'amitié d'une âme si noble.

Sa profonde piété, sa foi immense en une vie meilleure, ont ouvert l'horizon du Ciel, d'une félicité de durée éternelle, à cette enfant que Dieu s'était réservée.

Amélie-les-Bains

A l'établissement P., où j'étais en traitement, ma femme, très recherchée des pensionnaires, nombreux en la saison d'automne, ne paraissait pas s'en douter, tant elle se considérait au-dessous des hommages.

Elle faisait les délices de la société par la

grâce de ses manières, par la douceur de
son caractère, et il faut le dire aussi, par
les qualités musicales de sa voix, d'un tim-
bre vibrant et d'une sympathique expression.

Elle possédait au plus haut degré, cette
étincelle communicative, qui est le privilège
des sensitifs.

Les invitations pour notre retour à Per-
pignan, que nous quittâmes quelques mois
plus tard, nous promettaient d'agréables
soirées d'hiver.

Je me souviens toujours, comme d'un rêve
dont je voudrais ressaisir la réalité pour la
prolonger, de cette première étape de notre
mariage, avec un plaisir mêlé de satisfaction, tant pour les qualités exquises que je
reconnaissais à ma femme, que pour l'imposante beauté des sites que nous visitions
ensemble en touristes, aussi enthousiastes
qu'infatigables.

La générale B. l'avait en grande estime ;
que de fois ne me dit-elle pas à son sujet :
Vous possédez une femme idéale, une de ces
femmes, déjà rares de nos jours, qui rayon-

nent autour d'elle ce je ne sais quoi de bon et d'aimable qui invite à une respectueuse attraction.

Conservez-la précieusement, ajoutait-elle, cette délicieuse enfant, enfant par l'insouci de sa naïve confiance, enfant, par l'abandon absolu de son être à son mari.

Conservez-la précieusement, car elle sera la compagne dévouée de votre destinée, le Génie bienfaisant de votre foyer.

Celle qui, en des traits si touchants, a esquissé cet horoscope, ne s'était point méprise sur la valeur réelle de la femme qui m'a fait aimer la vie, non comme l'aime la jeunesse, pour le plaisir de vivre, mais comme on doit l'aimer à l'âge mûr, pour le devoir de faire le bien et la satisfaction du devoir accompli.

✻✭✭✻

Plusieurs fois nous avons fait ensemble l'attractif pèlerinage d'Arles près Amélie-les-Bains, d'où nous avons rapporté de l'eau puisée à la source miraculeuse qui s'échappe,

limpide et fraîche d'un des sarcophages
où l'Eglise conserve les reliques vénérées de
deux martyrs.

Il y a 20 ans bientôt de cela ; et j'ai pu
donner il y a quelque temps, aux petites
Sœurs de l'Assomption, un flacon presque
plein de cette eau, encore aussi limpide
que si elle venait d'être recueillie à sa
source même.

Dons de Dieu

Elle avait l'intelligence du bien et n'avait
d'intelligence que pour le bien. Elle avait
comme l'instinct de ce qu'il fallait éviter
d'entendre ou de lire.

Dans les milieux mondains, au spectacle,
elle jouissait de l'éclat des fêtes, de la musique ; mais aucune impression malsaine ne
l'effleurait, son innocence d'enfant, jointe à
la chasteté de la femme vertueuse, étant in-
contaminable.

Quoique intellectuelle concentrée, l'esthétisme égalait chez elle l'atticisme le plus

parfait, cet atticisme qui n'a rien du convenu mondain qui fixe le ton.

Résignée aux épreuves de la vie, aux décevances qui font couler les larmes, elle portait le dévouement à la hauteur de l'abnégation, poussait la charité chrétienne jusque dans ses plus sublimes actes.

✻✽✾✽✻

Elle avait dans ses manières, une majesté sans étude, une dignité sans prétention qui la faisaient remarquer sous la modestie mêlée d'humilité, dont elle s'enveloppait sans afféterie, comme d'un voile.

✻✽✾✽✻

Elle, l'impeccable, qui n'avait rien à se reprocher, qui n'a jamais rien eu à se reprocher, me répondit au sujet d'une jeune femme, signalée pour la légèreté de ses mœurs, dans un hôtel de saison où nous nous trouvions : Sainte Marie Magdeleine n'a-t-elle pas été, elle aussi, une femme de mœurs légères.

✻✽✾✽✻

Dans ses lectures, elle faisait choix de livres où son esprit put se livrer avec bonheur aux entraînements de l'âme vers l'idéal qui parle de Dieu.

Elle en cueillait les fruits pour la satisfaction de son âme et s'appliquait à en tirer des déductions qu'elle développait avec une grande élévation de jugement dans des méditations, d'un style sobre autant que suggestif.

Le prix du Temps

Dans nos montagnes, où les chemins de fer commencent à peine à pénétrer, les habitants sont peu familiarisés avec la vie urbaine, ce qu'ils appellent la vie bourgeoise. Or, la plupart ne pouvaient concevoir dans leur pensée à courte vue, qu'une femme qui possède la fortune lui permettant de se tisser une existence bourgeoise, fut constamment occupée soit aux soins de sa maison, soit à la couture.

C'est qu'ignorante des préjugés des ruraux, comme de ceux qui courent dans les milieux autres, elle savait fort bien que l'inoccupation et que l'oisiveté jettent dans le vide la vie terrestre, que le temps perdu, ainsi que je le lui entendais répéter souvent, ne se rachète pas, que les occupations en arrière, ne se rattrapent point. Il fallait qu'elle fût bien malade pour lâcher prise au travail et encore, l'ai-je vu dans le cours d'une atteinte de grippe pernicieuse, reprendre l'aiguille dès que l'ennemi lui laissait un moment de répit.

Son temps se partageait entre le travail manuel, la lecture et la prière.

Tel est le genre de vie domestique qu'a mené jusqu'à la fin, cette femme de bien, estimée de tous et qui avait droit à tous les respects.

Charme de bonté

L'ineffable bonté de ce caractère fait de douceur et de tendresse, lui avait attiré l'affection des malheureux, partout où elle séjournait quelque temps. C'était la bonne Dame qui, par la simplicité habituelle de sa mise, semblait rechercher un lien de rapprochement avec les abaissés du monde. Dans les hôtels où nous descendions, le personnel était à sa dévotion, allait au devant de ses désirs, parce qu'elle avait pour principe de n'utiliser leurs services que dans les circonstances où il lui était indispensable de le faire.

C'était la Dame qui ne tenait pas de place et qui avait toujours peur de déranger même ceux qui en avaient le devoir.

Son ordre, en toutes choses, était un fait qui se révélait jusque dans les plus minutieux détails de la vie. Elle mettait ses soins à ordonner toutes choses, autant qu'elle en apportait à entretenir sa conscience en un état d'irréprochabilité, autant qu'elle mettait de scrupule à maintenir son âme en l'état de beauté que Dieu y avait mis.

Une religieuse de haute intellectualité et de grand cœur, me disait au sujet de ma femme, qu'elle n'avait jamais connue : Son portrait, les objets d'elle, que vous nous avez donnés, mille observations intéressantes auxquelles nous ont donné lieu, ce qui

semble des riens aux superficiels, m'ont été
en quelque sorte la révélation si précise de
ce que fut cette précieuse femme, qu'il me
semble non seulement l'avoir connue, mais
même avoir vécu dans son atmosphère.

Devise chrétienne

Faite pour le sacrifice, elle se complaisait
dans la souffrance, lorsqu'elle sentait que
ceux qu'elle aimait étaient comblés de santé.
Elle n'osait se plaindre, dans la crainte
d'affliger ceux qui l'aimaient ou d'assombrir
la gaîté du milieu.

Tout pour les autres, rien pour soi ; telle
était sa devise, devise sublime, que la foi
chrétienne peut seule inspirer. Il est permis, disait-elle souvent, d'être intéressé pour
soi-même ; mais il est cruel de l'être pour
autrui.

Influence de la Vertu

Pendant plusieurs années, je me suis
borné à accompagner ma femme à l'Eglise,

affectant même de ne remplir que cette seule obligation par déférence pour elle. Jamais sa lumineuse clairvoyance en toute chose ne parut sensiblement s'en affliger ; mais elle veillait, comme priait sainte Monique, silencieusement, patiemment, avec l'assurance d'être exaucée que donne la foi aux êtres qui font le bien.

Plus nous avancions ensemble dans la vie, plus se cimentait cette mutelle affection qui est faite d'indispensabilité de l'un pour l'autre et de réciproque estime.

A mesure que s'estompaient dans le passé, les premières années de mariage, temps fugitif où l'époux méconnaît trop souvent parce que ses yeux ne sont pas encore ouverts pour les voir, les sublimes qualités de certaines femmes, faites pour aimer, prier et remplir religieusement leurs devoirs d'épouse et de mère, je me sentais pris d'admiration pour cette femme, qui me parut alors, façonnée d'un tout autre limon que celui dont est pétrie l'humaine nature.

Toutes les beautés de cet être merveilleusement doué, m'apparaissaient alors comme autant de rayons lumineux, m'obscurcissant à mes propres yeux si j'essayais de me hausser jusqu'à elle. Quel beau jour ce fut pour elle, je la vois encore toute rayonnante de cette grâce que Dieu lui avait accordée, Quel jour mémorable pour elle, fut celui où je lui dis sans phrase : Mon amie, tu as vaincu ; je partagerai désormais avec toi, ce pain sacré qui est l'aliment des âmes pieuses, qui rend forts les caractères mal trempés et émancipe les esclaves du mal.

De ce jour, mon affection pour ma femme s'est élevée jusqu'au culte. Sa vie est devenue une nécessité de la mienne et, j'ai senti que la perdre aurait l'équivalence pour moi de l'abîme et des ténèbres, s'il m'arrivait de me placer en face de cette effroyable éventualité.

Ne sais-tu pas, chère amie, lui dis-je, que ta vie est plus que la mienne et, peux-tu supposer un instant qu'après toi, il me soit possible de goûter aux plaisirs de la vie !

Elle venait de répondre à un projet de voyage que je faisais luire à ses yeux, sa guérison obtenue : tu feras cela après moi... !

Ah ! je l'entends encore ce propos dit à mi-voix comme si elle se parlait à elle-même ; il a résonné comme un glas funèbre dans mon cœur, aujourd'hui broyé par la cruelle et désespérante réalité des événements !

Charme de Douceur

Cette femme, qui recélait toutes les qualités, avait un charme impressionnant. Elle avait le don d'attirer à elle, qui s'effaçait toujours, les êtres qui savaient la deviner.

Que de fois, après quelques instants d'absence, je la trouvais à mon retour auprès d'elle, entourée de personnes qui ne l'avaient jamais connue, mais qui éprouvaient sans doute l'irrésistible attrait que sa grande douceur, jointe à son humilité habituelle, avait au premier abord captivées.

Le jour où, pour se préparer à une opération qu'elle a subie avec succès, elle quitta la table de l'hôtel W... à Nice, elle y fit un tel vide qu'une délégation de la colonie étrangère vint m'exprimer la veille de

notre départ pour la villa V..., les sympathiques regrets que chacun avait éprouvés
en voyant inoccupée la place que ma femme
avait laissée à la table commune.

Des fleurs, des cartes, avec un mot de sincère amabilité, me furent en même temps
remises par les interprètes de cette touchante
et spontanée démonstration.

Les enfants sur les bras de leurs nourri-
ces ou de leurs bonnes, subissaient eux
aussi l'attrait de ce charme que reflétait son
visage de bon être, ainsi que je me plaisais
à l'appeler. Je les ai vus tendre vers elle
leurs petits bras, comme pour se faire embrasser d'un être aimé, j'allais dire connu.

Les animaux domestiques n'étaient pas
exempts de la domination de ce charme, car
partout où elle passait, ces bonnes bêtes,
ainsi qu'elle les appelait, lui prodiguaient
les câlineries de leur plus expressive mimique. N'avait-elle pas toujours pour ces amis
de l'humanité, une friandise toute prête
dans sa poche.

Une de ses jeunes parentes, appartenant par la haute situation de ses parents, au monde officiel, où il est laissé peu de temps aux questions de sentiments, lui disait avec un accent de sincérité pénétrante : J'ai pour vous un élan d'affection qui est pour moi la révélation que lorsque vous aimez, vous devez savoir aimer.

Cet aveu, échappé de la bouche d'une jeune fille de haute existence, dans un moment d'épanchement, est resté gravé au plus profond de mon cœur, comme l'écho lointain d'un hommage à celle qui y avait tant de droits.

Education maternelle

J'ai dit combien ma femme était recherchée des enfants dans tous les milieux où il lui arrivait d'être.

Ceux qu'elle préférait étaient les filles. Les filles, disait-elle, ont l'avantage sur les garçons d'être beaucoup plus aptes à la malaxation de l'éducation maternelle. La douceur naturelle dont leur caractère en général est formé, attache au plus haut degré et transforme en un charme le devoir délicat qu'ont les parents de développer les bons instincts de l'enfance, de vaincre et d'annihiler ses mauvais penchants.

Elle avait observé — et son observation est précise — que les garçons sont beaucoup plus que les filles, subordonnés aux suggestions de l'impulsivité, si puissantes sur la destinée, lorsque cet état psychique s'étend jusqu'à l'adolescence.

Les fillettes, disait-elle souvent avec justesse, ne sont ni bruyantes ni malveillantes comme le sont trop fréquemment les garçonnets des classes inférieures, toujours en débandade dans la rue, au sortir des écoles.

Pour elle, la plus efficace méthode d'éducation des enfants consiste à se faire aimer d'eux et, certes, elle aurait excellé dans ce rôle délicat, douée comme elle l'était, de ce charme irrésistible de bonté et de tendresse qui se reflétait dans tout son être. Mais, s'en faire aimer ne suffit pas, ajoutait-elle, lorsqu'elle me développait sa méthode favorite ; encore faut-il savoir rendre les enfants jaloux de l'affection maternelle, dans la bonne acception du mot, jaloux en ce sens que la privation momentanée de cette faveur puisse être considérée par l'enfant comme une punition, en cas de faute de sa part. Que ne ferait alors l'enfant vers le mieux, pour reconquérir le privilège retiré.

Le cerveau de l'enfant ne doit pas rester inactif; il faut l'éduquer au point de vue des choses qui lui sont extérieures, soit en les lui montrant de près, soit en les lui faisant toucher.

Mais à mesure que l'intelligence s'élève chez lui, il est important d'y semer les germes susceptibles de lui infuser pour l'avenir, la vénération des choses saintes, le culte de Dieu, le respect des parents.

Le moment de meubler son intelligence en vue de l'avenir, me semble devoir être subordonné : 1° à l'état de santé de l'enfant, 2° à l'acquis qu'il possède déjà, 3° à la fécondité naturelle du terrain d'ensemence-ment.

L'éducation, chez les filles, doit avoir pour bases essentielles, devant primer l'instruction qui peut leur assigner dans la société une situation élevée, le façonnement de leur caractère pour le rôle que Dieu leur a assigné, mission sacrée d'élever les générations en perfectibilité.

Lorsque nous dissertions ensemble sur les meilleures méthodes pédagogiques, invariablement nous en arrivions à la constatation de ce fait déplorable que le plus grand nombre des enfants moralement abandonnés, sont fatalement destinés par l'état de choses actuel, à grossir les rangs de l'armée du crime.

Pourquoi cela, lui demandai-je? parce que, me répondait ma femme, très intellectuellement nourrie de cette étude, on ne semble pas avoir compris ou ne pas vouloir comprendre qu'il suffirait aux Etats de consacrer à la prévention, les sommes énormes que la criminalité oblige à mettre au service de la répression, pour renverser avec l'ordre des facteurs, le résultat lui-même. En sorte que, ajoutait-elle, plus ne serait besoin, après quelques années de cette épreuve, d'avoir une gendarmerie et des prisons.

Le criminel et le voleur de profession sont les plus dangereux ennemis de l'homme. Faites de ces fauves à face humaine des hommes dignes de ce nom et la société n'aura plus, pour entretenir ses moyens de défense, qu'à veiller à ce que les enfants de cette catégorie soient confiés aux soins de l'éducation chrétienne.

Les germes de malfaisance, les instincts de férocité, seront étouffés dans l'œuf.

Force d'âme

Les forts sont bons ; les faibles sont violents.

Voilà deux aphorismes, confirmés de tout temps par l'observation.

Il semble au premier abord qu'une personne humble, douce et affectueuse doit être une exception au premier. Il n'en est rien. Ces êtres peuvent être timides — et ils le sont généralement, — mais ils portent en eux une force invincible, celle qui résulte de la volonté, non de cette volonté rigide et aveugle dans ses manifestations, pour l'accomplissement d'un dessein, mais de cette volonté dont la pondération et l'éclectisme, maintiennent dans une voie déterminée, les caractères de trempe peu commune. Ma femme était de ce nombre.

Jamais elle n'a eu le moindre mouvement d'impatience ; le moindre tressaillement trahissant une concentration d'irascibilité, n'a jamais contracté la sérénité habituelle de son visage.

Lorsqu'elle souffrait, elle avait la volonté de n'en laisser rien paraître, si les circonstances lui en faisaient une convenance.

Quand elle se sentait meurtrie de mes mouvements d'impatience, irréfléchis et toujours cruels à une sensitive, sa physionomie reprenait aussitôt le calme de ses lignes normales si je la regardais, tant était vive sa crainte que la vue de son trouble ne fît naître en moi des remords. Et pourtant, la faiblesse de son système nerveux, en raison de son état de santé, était notoire ; la volonté, l'énergique volonté qui était en elle, avait seule ce pouvoir de se vaincre soi-même.

Lorsque sa lumineuse clairvoyance avait entrevu un écueil dans une combinaison de ma conception, elle me répétait bienveillamment comme poussée par une révélation d'en haut : Je crains que tu ne reconnaisses, mon ami, que les leçons de l'expérience ne me donnent raison, si tu persistes dans cette voie. Crois-moi, fais ce que je ferais à ta place et veuille ne pas oublier que si je ne me sens pas le droit de te donner des avis, je le fais parce que suis ta seule et véritable amie.

Si elle avait un devoir religieux à remplir, afin que je ne trouvasse point l'heure trop matinale pour son état de santé, elle s'y préparait un peu à mon insu et quand elle était prête, elle me disait simplement : j'avais à aller à la messe ce matin ; ça ne te contrariera pas pour ma santé, je m'en suis senti la force, j'y vais.

En face du bien à faire à son prochain, c'était la même puissance de caractère qui la guidait. Rien au monde ne la rebutait si elle avait jugé avec sa profonde sagacité, qu'il y avait obligation morale à elle, de secourir telle infortune affirmée.

A l'intervention qui a été là cause effi-
ciente des complications morbides dont la
mort est sortie, elle se serait opposée, m'a-
t-elle dit, si je n'avais tenu, pensant la sauver en la guérissant, à y recourir.

Dans cette grave circonstance, sa volonté
de plaire à la mienne, s'est affirmée jusqu'au
sacrifice de sa vie. Martyre de tes devoirs,
telle a été l'auréole de ta vie !

Sérénité d'âme

Dans les circonstances critiques et solennelles de la vie, en face d'événements gra-
ves, elle était d'une quiétude remarquable,
conservant son sang-froid là où la présence
d'esprit est souvent en défaut.

Lors du tremblement de terre qui impres-
sionna si désastreusement le littoral ligu-
rien, elle s'est levée, la première secousse
passée, sans oublier le moindre détail de sa
mise habituelle.

Au lieu de descendre, ce qui lui était facile, les escaliers n'étant pas encore enva-
his, elle attendit que j'eusse le temps d'in-

former à l'étage qui nous séparait du rez-
de-chaussée, que d'autres secousses devant
probablement se faire sentir, il n'y avait pas
de temps à perdre.

Du jardin de l'hôtel, nous fûmes témoins
d'une deuxième secousse, moins prolongée,
mais tout aussi intense que la première. Je
pensai alors aux trois enfants d'un cham-
bellan de l'Empereur d'Allemagne, trois
charmantes fillettes qui habitaient avec leur
mère, malade, le 3ᵉ étage de l'hôtel. Elles
aimaient ma femme autant que si elle eut
été de leur famille.

Où vas tu ? me dit-elle, en me voyant me
diriger vers le perron intérieur de l'hôtel.

Je tiens à savoir, lui répondis-je, ce que
deviennent ces enfants, si leur mère a besoin
de mes services.

Va, mon ami, reprit-elle ; c'est ton devoir,
je te suis.

Il a fallu la secousse verticale et dangereuse du 12 mars pour nous faire quitter
Nice.

Dans une autre circonstance, qui aurait
pu avoir des suites désastreuses, ma femme

resta maîtresse d'elle-même par sollicitude pour moi.

Je me trouvai, dans le hall du cercle d'Aix-les-Bains, ma femme, au spectacle.

Tout à coup, des cris : au feu ! retentissent de l'intérieur du théâtre jusqu'au hall.

D'un bond, je me précipite dans l'escalier qui conduisait à la galerie où je savais trouver ma femme, coudoyant dans mon élan le flot qui se précipitait hors de l'enceinte du théâtre, poussé par la panique.

Parvenu à la galerie où j'avais laissé ma femme, je pus la joindre enfin.

Qu'attends-tu pour sortir, lui dis-je ?

Je te cherchais des yeux avant de fuir.

L'incendie ne fut heureusement qu'une alerte ; mais la panique ne fut pas sans faire des blessés.

L'année du choléra à Marseille, j'offris mes services à la commission municipale d'hygiène de cette ville.

Je t'approuve, me dit simplement ma femme ; mais, tu ne doutes pas, je le pense, que je ne te suive.

Si les besoins du service de secours m'eussent appelé à Marseille, cette femme, aussi énergique que dévouée, aurait affronté pour ne point se séparer de moi, les risques de l'épidémie.

La catastrophe qui a englouti dans les flammes de si nobles victimes, occupées quelques instants auparavant, à coopérer à une grande œuvre de charité, m'a suggéré cette conviction, que ma femme y aurait péri, non seulement parce qu'elle était de ces natures délicates qui ne sauraient se défendre avec la brutalité des instincts mis en éveil par le danger, mais encore, parce que son caractère, fait de douceur et de résignation, lui aurait imposé le sacrifice de sa vie pour les autres.

Rêve précurseur

Quelques instants avant la première secousse sismique ressentie à Nice, je me réveillai avec cette pensée étrange, véritable révélation en la circonstance, que s'il était dans notre destinée de périr dans une catastrophe, sous un écroulement par exemple, il serait consolant, de mourir ensemble au bras l'un de l'autre, comme deux êtres que la mort ne saurait séparer.

Je donnais donc le bras à ma femme, avec précaution afin de ne pas la réveiller. Le sommeil allait me reprendre, bercé de l'obsédante pensée de mourir ensemble, lorsque un épouvantable ébranlement secouant l'hôtel de la base au faîte, nous donna l'impression subite que la maison s'écroulait.

Ma femme et les personnes avec lesquelles nous avions à l'hôtel des rapports de bon voisinage n'hésitèrent pas à me taxer de sortilégerie, lorsqu'elles furent mises par moi, encore tout ému, au courant de la suggestive conception qui s'était spontanément emparée de ma pensée, vision quasi révélatrice, suggérée par mon génie familier sans doute ; à moins que ce ne soit un songe.

Force de tendresse

Lorsqu'elle était malade, je l'étais au dire de notre entourage, plus qu'elle et il me semble, aujourd'hui que la mort a clos pour jamais cette ère de bonheur intime, que tout ce que j'ai fait pour la conserver est encore bien au-dessous de la valeur de l'être perdu!

Si j'étais malade, s'il m'arrivait d'avoir de ces défaillances syncopales auxquelles me prédisposait ma constitution, malgré son émoi, en dépit de ses angoisses, la pauvre femme se raidissait de toute la force de son courage pour maîtriser ses appréhensions et enfin, venir à bout de me tirer d'affaire. Je l'ai vue malade déjà et capable de se surmonter assez pour que la santé semblât refleurir dans ce corps dont l'âme et le cœur étaient les principales sources de vie.

Je relevai d'une atteinte de bronchite grippale adynamique, qui ne fut pas sans inspirer de l'inquiétude à ma femme, dont les soins d'un dévoûment sans bornes, contribuèrent dans une large mesure, à me rendre la santé.

Je n'ai pas une seule minute, pensé mourir, lui dis-je, tant je sentais la nécessité de vivre pour toi. D'ailleurs, Dieu, que tu as sans doute beaucoup prié, devait exaucer les vœux de sa fidèle servante, de l'épouse selon la religion chrétienne.

S'il en eut été autrement, me répondit-elle simplement, je t'aurais suivi. Et constater qu'il faut que je survive à cette chère absente, comme si elle l'exigeait elle-même ! Plaise à Dieu, que ce soit pour l'accomplissement final de l'œuvre de rédemption dont elle a eu la joie, avant de mourir, de voir les premières réalisations.

Quelle poignante angoisse m'oppresse, lorsque j'ai la pensée que son bonheur ici-bas a été troublé par les années d'indifférence religieuse où j'étais enlisé.

Céleste sourire

Lorsque nous sortions, s'il m'arrivait de quitter quelques instants ma femme, pour une lettre à mettre à la boîte la plus voisine, elle regardait autour d'elle d'un air anxieux et troublé jusqu'à ce qu'elle me revît. Son visage s'animait alors d'une expression indicible de contentement, ses lèvres se coloraient d'un ineffable sourire qui me faisait lui dire : il faut, chère amie, que tu m'aimes au-delà de ce qu'une femme peut aimer un mari, pour qu'une telle joie se peigne d'une telle intensité sur tes traits.

Je le revois souvent ce céleste sourire, encore photographié dans mes souvenirs. Son image me fait mal, parce qu'elle n'est plus qu'une lueur d'un bonheur perdu !

Sympathies

Dans un hôtel de V..., son pays natal, où nous étions descendus, à peu près inconnus de ses nouveaux propriétaires, ma femme fut prise d'une indisposition assez sérieuse pour nous obliger à prolonger plus que nous n'en aurions eu le projet, notre séjour dans cette ville.

Ce fut comme une traînée de poudre, cet évènement d'ordre privé, car à dater de ce jour, les visites affluaient à l'hôtel au point de faire dire à la maîtresse de l'établissement : Voilà une dame qui a tant d'amis que c'en est une procession.

C'est que partout où passait cette femme de bien et de bonté, partout où avait été connue la jeune fille, ce n'était qu'un unanime écho sur ses exquises qualités.

Et, voilà les êtres qui partent les premiers, comme si la terre était indigne d'être foulée par leurs pieds d'ange.

Lectures favorites

Les Pères de l'Eglise, qui avaient ses préférences, étaient St Augustin et St Paul.

L'érudition du premier la transportait, l'ampleur de ses arguments, la science de ses thèses la charmaient en l'instruisant.

La puissance de caractère du second la saisissait d'une haute admiration. Elle avait constamment, parmi les livres qu'elle puisait dans les bibliothèques chrétiennes, quelques pages magistrales des œuvres de St Augustin, quelques passages émouvants de la vie de St Paul.

Il ne faut jamais désespérer de la protection divine, me disait-elle à leur sujet. Si le monde profane a pu compter ces deux hautes intelligences au nombre de ses plus célèbres notoriétés, le christianisme a transmis le renom de leur immortel génie à travers les siècle.

Culte des arbres

Elle avait en vénération les arbres, ces êtres doués par la nature, de longévité robuste, ainsi qu'elle le disait.

Les forêts séculaires attiraient son admiration par l'aspect grandiose de leurs futaies en massifs. Vues dans le lointain, elle les comparait à des mers feuillues, sous bois, à des océans d'arbres. Sous leur couvert hos-

pitalier, elle se plaisait à s'abriter des ar-
deurs du soleil, à s'y reposer des courses
erratiques que, dans sa prime jeunesse, elle
faisait à travers champs, entraînée à la suite
des chasses de son père, ou, le plus souvent,
par le charme des promenades sous bois.

Dieu, disait-elle, a comblé les hommes de
bienfaits ; avec les arbres, il leur a donné
l'utile et l'agréable ; il en a fait un des tons
les plus variés de sa palette ; il a réalisé, en
les unissant aux montagnes et aux eaux, les
aspects les plus imposants, les sites les plus
riants, les tableaux du plus pittoresque
effet.

Elle ajoutait avec une profondeur de jugement remarquable, qu'une terre riche en
forêts, est une terre féconde en hommes et
fertile en ressources pour la vie ; enfin, que
la durée de la race est nécessairement subordonnée à l'état de sa fortune forestière.
C'est cette vérité sans doute qui faisait dire
au philosophe allemand : un peuple qui dé-
truit ses forêts n'a pas droit à l'existence.

Le culte des arbres était chez ma femme
poussé si loin, que son père faisait nuitam-

ment arracher ceux dont il voulait éclaircir son verger et que moi-même, lorsqu'il y avait nécessité à faire une coupe, je me croyais obligé, par déférence pour ses convictions, d'y faire procéder en notre absence de la campagne.

Je ne puis plus regarder ces géants du monde végétal sans éprouver une impression de pénible regret, en songeant que celle qui les a aimés et poétisés, n'est plus.

C'est d'ailleurs la même sensation de brisement qui se manifeste en moi, lorsque un souvenir, la vue d'un objet, d'un milieu, me remémorent une phase de cette existence de 20 années écoulées dans une réalité qui me semble un rêve aujourd'hui.

Le petit marmottier

La villa d'Aq. V., où nous étions en résidence hivernale, au début de nos visites aux rives liguriennes de la Méditerranée, avait fréquemment la visite des pifferari, à la faveur desquels, se glissaient des enfants de la haute Italie, une marmotte sur les bras.

Ma femme avait pris en pitié ces pauvres petits marmottiers, ainsi qu'elle les désignait ; elle avait toujours une friandise pour la bête et une piécette pour l'enfant.

Aussi, était-elle suivie dans ses promenades, de ces petits mendiants, virtuoses à leurs heures, lui promettant en s'attachant à ses trousses, une bonne invocation à la Madone, si la dame voulait bien leur faire la grâce d'un petit sou.

Cette bande de marmottiers, échappée de ses montagnes neigeuses, poussée par le besoin de vivre en un climat moins âpre, servait paraît-il de bouc émissaire, toutes les fois qu'il s'agissait pour la police des rues, de rabattre voleurs ou vagabonds.

Un jour, ma femme vit un de ces enfants qui faisait d'inutiles et vains efforts pour s'arracher des mains d'un gardien de la paix, en poussant des cris lamentables, véritables cris de détresse.

Je vois encore le bond que fit ma femme jusqu'à l'agent pour réclamer l'enfant, non pour sa propriété, mais pour son protégé. Elle fut si tendrement éloquente dans son plaidoyer, que le captif lui fut remis par le captureur, s'excusant de tout son respect, d'avoir pu contrister ainsi, une si noble dame.

Don Bosco

Après Dieu et son mari, elle accordait toutes ses attentions aux malheureux ; aussi, répandait-elle le bien autour d'elle partout où elle se trouvait.

L'enfance était tout particulièrement l'objet de sa sollicitude. L'enfant, disait-elle avec raison, c'est l'avenir ; il est ce qu'on le fait, c'est pourquoi il faut le façonner pour le bien.

La société protectrice de l'Enfance fut largement gratifiée de ses générosités ; mais l'œuvre surhumaine de Don Bosco eut spécialement ses faveurs.

Elle s'était éprise avec enthousiasme de cet apostolat de la charité qui s'était donné pour mission, le relèvement intellectuel et moral, par l'éducation chrétienne, de l'enfant né du vice, élevé dans le vice, voué au crime.

Est-il besoin de dire ce qu'était don Bosco, ce saint qui cueillait dans les carrefours de Turin, les enfants jetés à la rue, à charge à la vie de débauche de ceux qui les avaient engendrés. Il les collectionnait, ces êtres flétris dès le plus bas âge, pour les rendre à la vie, à la société, épurés des souillures originelles.

Quel a été le surprenant, l'incroyable résultat de ce prodigieux labeur? cent mille créatures, cent mille mauvais sujets on pourrait dire, sont devenus sous la direction évangélique du maître, cent mille citoyens honnêtes, cent mille unités sociales utiles.

Lorsque je ne serai plus, me dit-elle, à la suite d'une crise qui faillit mettre ses jours en péril, à Nice : tu n'oublieras pas don Bosco, que son œuvre sublime a immortalisé pour l'édification des générations futures.

C'est de ce côté, tu le sais, tu es de cet avis, qu'il faut diriger nos offrandes, qui seront autant de bons grains pour la moisson future.

Si son état de santé lui en avait rendu la tâche possible, elle aurait aimé suivre dans leur évolution future, quelques-uns des enfants auxquels s'adressait tout particulièrement sa sollicitude.

Elle aurait éprouvé une sainte joie à doter chaque année, la jeune fille la plus digne de cette faveur, entre celles qu'elle avait connues dans leur enfance pauvre.

Elle laissait ce soin pieux aux âmes charitables, à ces âmes d'élite qui ont le secret de rattacher par les liens de la reconnaissance, les classes pauvres aux classes dirigeantes.

Pour les Pauvres

Sans cesse occupée à des choses utiles, constamment animée de pensées propres à élever son idéal vers le bien, elle consacrait certaines heures du jour à classer ce dont elle pourrait disposer de son trousseau pour les malheureux.

Sa lingerie, ses vêtements étaient consciencieusement triés chaque mois, en vue de faire à l'indigence sa part. Elle se réservait ce qui n'exigeait pas de réparations indispensables, mettant soigneusement de côté tout ce qui pouvait être encore d'un usage effectif à ceux que j'appelais plaisamment ses humbles héritiers. Une partie de l'après-midi, ordinairement la soirée, était consacrée à ce genre de travail. L'aiguille à la main, elle raccommodait, reprisait, remmaillait sans relâche, satisfaite seulement quand la tâche à elle imposée par son esprit de charité était accomplie. Absorbée sur son ouvrage, les distractions du dehors, les bruits de la rue ne pénétraient pas dans le champ de son ouïe, n'effleuraient même pas sa pensée.

Le lot réservé aux pauvres était méthodiquement placé dans une balle à lessive, jusqu'à ce que vint la semaine de distribution. Une femme qui avait sa confiance et qui en était certes digne, s'employait à cette œuvre chrétienne, en faisant, au gré de son discernement, la répartition des objets à elle confiés pour ce soin.

Tout était pour le mieux lorsque nous étions à L..., mais en nos fréquentes absences, sa préoccupation favorite l'obsédait. Que

faisait-elle alors ; elle commandait à un ou-
vroir religieux des ouvrages de tricotage, ou
bien donnait à réparer les quelques pièces de
lingerie que sa malle avait pu contenir avec
ses effets de voyage. De cette façon, elle
n'avait dans ses meubles rien d'inutile, aucune de ces hardes encombrantes qui font,
avec l'accumulation du temps, des amas à
remplir des greniers. On n'aurait pas trouvé
dans sa maison une seule inutilité, un seul
objet qui n'eut sa raison d'être et sa place
déterminée.

Tous les cinq ans, elle brûlait ses quittan-
ces atteintes par la prescription, et mettait
en coupe réglée, pour les donner à sa femme,
qui en allumait son feu, tous nos papiers,
devenus, avec les années, sans valeur.

La date de sa mort précéda de trois jours
celle qui avait été fixée par elle pour sa dernière distribution annuelle avant son départ
pour le Midi ; en sorte qu'il me fallut m'ac-
quitter moi-même de cette mission, à la hauteur d'une obligation sacrée.

Son trousseau était sensiblement éclairci,
quand on en fit l'inventaire ; car elle ne

remplaçait pas, depuis le périclitement de sa
santé, ce qu'elle en éliminait, en sorte que
si cet état de choses se fut prolongé, elle se
fut trouvée sous le rapport de l'habillement,
aussi mal partagée que ceux auxquels s'inté-
ressait, sans laisser rien paraitre de ses abnégations, cette femme vertueuse que bénis-
saient les gens de bien qui la connaissaient
et que regardaient d'un air de dédain nar-
quois les fats et les sots, gens pour lesquels
l'extériorité est un classement hiérarchi-
que.

Langage des Fleurs

Jeanne appréciait fort les poésies de la
nature. Elle aimait passionnément les fleurs,
qu'elle appelait des emblêmes fleuris, qu'elle
regardait comme des remèdes aux maux
physiques.

Ses bouquets de fête, ses couronnes pour
ses morts, ses brindilles de fleurettes, cou-
pées dans les champs, nuancées au hasard
de leur groupement, avaient un caractère de
pensée riante jusque dans les fleurs offertes

en hommage à la mort, où les emblêmes de deuil étaient impitoyablement éliminés.

Elle savait tout poétiser dans la vie, jusque dans les épreuves douloureuses que ses maux physiques lui infligeaient, souffrances bien faites cependant pour la rappeler aux réalités de ce monde. C'est qu'elle voyait toujours au-dessus d'elle, ne s'arrêtant jamais à regarder les choses terrestres, trop souvent susceptibles de fixer l'attention malsaine des intérêts matériels, causes d'aveulissement et de blasement.

Sa passion pour les fleurs devait lui être fatale.

Une personne de V..., pensant lui être agréable, eut l'inspiration de lui en envoyer quantité, de quoi faire un énorme bouquet, et cela dans le cours de la semaine des Morts.

C'étaient des chrysanthèmes, fleurs de Toussaint; en les voyant, ma femme, qui avait conscience de la déchéance organique qui minait sa santé, en eut une impression pénible. Ah! dit-elle, ces fleurs sont pour ma tombe et, presque aussitôt son cerveau affaibli se prit d'aphasie nerveuse, que par ma rassurance, je parvins, non sans peine, à dissiper.

Fleurs fatidiques ! si je m'étais douté que la boîte apportée ce jour-là par un commissionnaire vous contenait, je ne vous aurais pas avouées à celle à qui vous étiez destinées. Vous auriez pris directement le chemin de la chapelle des Dames de l'Adoration Réparatrice, où elles ont été offertes à la Vierge.

Fatal pronostic

Depuis notre arrivée à Marseille, à l'issue de la saison hivernale de Nice, je constatai dans son état une évolution morbide qui me fit songer sérieusement, une fois de retour à Lyon, à la remettre entre les mains des premiers chirurgiens spécialistes de cette ville.

Le sien, celui qui l'avait sommairement opérée à Nice, l'année précédente, venait de mourir. Elle en fut très affectée, ce qui m'assombrit lorsque je songeai à l'influence suggestive favorable qu'il avait sur sa malade, ce qui est en cas d'intervention, un facteur non négligeable de succès chez les neurasthéniques.

A Lyon, l'état de sa santé, subordonné à la lésion locale dont elle était atteinte, empirait avec celle-ci.

Elle en avait conscience sans s'en rendre compte exactement ; aussi se préparait-elle silencieusement, presque à mon insu, à un dénoûment fatal que je n'entrevoyais même pas, préoccupé que j'étais de l'opération décisive, ajournée à de plus urgentes indications, d'où devait sortir le salut.

Son âme était de longue date préparée à cette éventualité, ou, à vrai dire, toujours prête à paraître devant son divin Juge. Elle était d'une piété sans apparat, recherchant la solitude méditative des églises où je savais toujours la trouver.

Il est évident que la pensée de Dieu l'accompagnait sans cesse, ce qui lui faisait envisager la mort sans trouble, si ce n'est avec l'amer regret — elle l'a confié à une amie — de laisser seul au monde son mari.

Quelle perte cruelle, quel chagrin, quels regrets, quels remords ! me voilà seul, bien seul, pleurant chaque jour ma bien-aimée compagne, cette précieuse épouse que le Ciel, ainsi que je me plaisais à le lui répéter, m'avait donnée, faveur insigne, à moi, si imparfait auprès d'elle.

Le baiser que tes lèvres déjà refroidies ont imprimé à ton petit Christ, je le reprends chaque jour en le portant religieusement à mes lèvres, comme une sainte relique qui recèle quelque chose de ton âme, j'allais dire de ta vie !

Tu es partie, ma chérie, sans avoir su combien le songe où ton père t'a apparu, m'a troublé et bouleversé, sans te douter de l'impression sinistre que j'ai ressentie de cette vision, comme d'un avertissement fatidique.

Dénouement fatal

L'heure était décisive ; les chirurgiens allaient arriver.

— Mon ami, me dit-elle, de ce ton surnaturel qui colorait toutes ses pensées, toutes ses expressions de langage, depuis qu'elle avait eu dans une vision céleste la révélation de sa fin prochaine ; mon ami, me dit-elle, si je me laisse opérer, c'est parce que tu le désires, c'est pour toi ; mais, si tu veux m'en croire, l'opération ne réussira pas, j'en ai l'intime conviction.

— Si l'intervention dont il s'agit, lui ai-je répondu, avait l'importance opératoire que ton imagination affolée te grossit dans des proportions inquiétantes, je n'insisterai pas, je m'abstiendrai même, sois-en bien assurée, mais elle nous a paru d'une indication nécessaire et son issue, si elle n'est pas toujours couronnée d'un plein succès, est toujours favorable.

— Tu le verras, mon ami, reprit-elle, l'opération ne réussira pas ; mais, je peux la subir maintenant que je t'ai ramené. A dater du moment où la réaction traumatique s'est fait sentir, un délire paroxystique s'est emparé de ce cerveau violemment frappé par un apparat chirurgical auquel est venue s'ajouter l'impression lugubre d'un demi-jour confondu dans la clarté des lumières.

Elle est morte sans agonie, comme frappée d'un choc imprévu, sans avoir pu recouvrer ses sens, si ce n'est à l'heure suprême où ses grands yeux mourants, alors que j'étais penché sur son visage, se sont tournés vers moi, pour m'adresser dans un langage muet et profondément expressif de son âme, un adieu de tendresse et d'affection.

Je ne te dis pas adieu, ma bien-aimée ; si la vie n'est pas une fatalité des circonstances, une résultante des lois universelles, tu n'es qu'absente !

D'ailleurs, n'as-tu pas rêvé quelques jours avant ce dénoûment fatal, de ton père, qu'il t'embrassait en te disant : « Viens, ma fille, que je te presse sur mon cœur ! »

Suggestivités télépathiques

Quelques jours avant la maladie qui frappa soudainement sa fille Marguerite, dont la mort a porté le premier coup à la santé de la mère, ma femme vit en rêve une mare d'eau trouble sur laquelle flottait le corps inanimé de l'enfant, sans que nos efforts réunis aient pu l'amener sur le bord.

A la campagne, elle rêva d'une personne qu'elle avait perdue de vue depuis nombre d'années ; que cette personne, un ami de son père, lui adressait un adieu. Quarante-huit heures s'étaient à peine écoulées, que nous apprenions par une lettre de faire part, sa mort, datée de la nuit même où ma femme avait eu ce songe.

Dans la nuit qui prédéda le fatal dénoûment, je fus transporté en songe dans un palais enchanté ; les plus rares merveilles s'y trouvaient réunies. Ma femme auprès de moi, me faisait admirer les splendeurs de ce féerique séjour, lorsqu'une éclatante lumière tout-à-coup nous inonda de ses éblouissantes clartés. Quand je revins à moi, ma compagne avait disparu. Semblable à Eurydice, celle que cherchaient mes yeux, était entrée dans la pleine lumière dont était éblouie ma vue ; elle-même était devenue lumière *.

* Par ses géniales fictions, la mythologie grecque a tiré des Mythes hindous, Eurydice et Orphée : la Nuit et le Jour.

Subjectivités néuropathiques

Un fait d'un intérêt scientifique pour les néurologues.

Dans le cours d'une période de psycho-hypnose qui précéda pendant près de 12 jours, une intervention palliative, ma chère malade ne pouvait me regarder sans me voir sous les traits exacts de son père, tout en me reconnaissant absolument pour son mari. Cet état de psychose optique dont elle ne pouvait se défendre, lui faisait dire à la femme d'un officier de vaisseau, de mes amis, venue à N. tout exprès pour m'assister dans cette épreuve : c'est chose curieuse, vous en conviendrez, que je voie mon mari sous la figure de mon père. Ce que je vous dis ne me semble ni une illusion ni une hallucination. L'impression de cette dualité ne me paraît pas avoir l'équivalence d'une virtualité, mais bien celle de la plus tangible réalité.

Délire phobique

Dans sa dernière et cruelle maladie, j'avais comme à N... dans sa vision troublée de délire et de terreur, un aspect dualitaire dont j'eus bien vite saisi le sens.

Si j'intervenais soit pour lui administrer ses remèdes, soit pour surveiller les complications locales à redouter, la pauvre malade se raidissait en une rigidité cataleptiforme que j'avais beaucoup de mal à vaincre. Elle me prenait pour le chirurgien qui l'avait opérée et dont la vision, dans son souvenir affolé, l'effrayait.

Un de mes distingués confrères, le Dr B., qui a bien voulu m'assister deux fois par jour de ses lumières et de son dévoûment, avait le même accueil lorsqu'il l'approchait, le thermomètre ou la sonde à la main.

Dès que j'étais en repos auprès d'elle, cet état paroxystique rentrait relativement dans l'ordre et, si pour un instant je m'éloignais de son lit, elle m'appelait d'un cri d'angoisse qui cessait dès que je reparaissais.

Je reconnaissais avec un douloureux effroi, que j'étais à ses yeux et son bourreau et son mari.

Son principal chirurgien, le professeur P.., avait acquis, dès le début, par sa douceur et par son tact de policlinicien, un ascendant tel sur cette sensitive, qu'elle se pliait sans la moindre appréhension à ses investigations cliniques. Elle le reconnaissait entre nous, dans ce désarroi psychique, parce qu'il n'avait pas le même port de barbe que nous. Elle ne le redoutait pas, éclairée par cet instinct qui lui faisait envisager dans son chirurgien préféré, un sauveur et non un opérateur impitoyable.

Derniers devoirs

En face de la réalité, que je n'avais pas un seul instant entrevue, malgré la gravité du processus qui a suivi de près l'intervention opératoire, je fus saisi d'une angoissante impression de solitude et d'abandon, qui m'a été salutaire.

L'appartement où nous avions passé ensemble de courtes années, m'apparaissait à cette heure de désespoir sans détente, comme une demeure sépulcrale où l'absence de l'être aimé, m'ôtait désormais la possibilité de vivre.

De ce moment, un ressort de mon être intime se brisa, me laissant désarmé et inerte en face de mes devoirs à remplir.

J'allais m'étendre au pied de ce lit mortuaire où venaient de sombrer comme en un irréparable naufrage, les espérances de ma vie, mes projets pour l'avenir. J'éprouvais l'irrésistible attraction de l'abîme, un besoin impérieux de sommeil léthargique où s'effondre le souvenir des réalités présentes. Quelle a été la durée de cet état anesthésique. Je ne saurais le dire. Lorsque je revins à moi, j'étais transformé ; cette crise de détente avait retrempé ma volonté d'une force nouvelle.

Ma femme m'apparaissait transfigurée par une vie nouvelle ; la mort ne l'avait qu'endormie. Elle sommeillait dans son auréole de sainte, en attendant le réveil pour le jugement dernier.

Cette illusionnante vision m'inspira le courage d'accomplir sans en omettre le plus petit détail, l'écrasante tâche que me suggérait l'imprévu de ce dénoûment. Ma résolution fut dès lors prise de faire sans relâche le nécessaire, pour m'arracher, ma femme disparue, à ce milieu où j'avais rêvé de lui faire un cadre nouveau.

Cette volonté, grandissant en énergie, suppléa au ressort brisé en moi et me fit remonter à la surface.

Depuis cette heure inoubliable, je n'ai pas un seul instant perdu de vue le programme que je me suis imposé, j'ose espérer que le Ciel voudra bien m'accorder de pouvoir en assurer la complète réalisation.

Le labeur auquel il m'oblige remplit utilement mon temps ; l'énergie morale qu'il exige, me soutient et me fait vivre pour ma femme.

Je n'ai pas voulu que l'appartement que je quitte pour ne jamais plus l'habiter, passât à des étrangers ; j'y ai mis des parents qui ont le culte de la famille et le respect des choses qui s'y rattachent.

L'Œuvre de l'Assomption

Il est une œuvre de charité sublime, encore peu connue en France, qui m'a attiré comme à un refuge de soulagement. Cette institution, d'ordre religieux, a pour vocable : Petites sœurs de l'Assomption. J'y ai rencontré des âmes douées de ces perfections divines, d'où naissent les cœurs hauts, d'où jaillissent les dévoûments et les abnégations. C'est vers ce milieu que tendent mes aspirations, parce que c'est un champ de bienfaits pour l'humanité ; un secours sans bornes aux malheureux ; une quiétude pour les âmes meurtries et inquiètes et une source féconde de rédemptions pour les déshérités de l'éducation chrétienne.

Que de bien il y a à faire de ce côté-là ! J'y pourvoirai, ma bien-aimée, et cela, en ton nom, pour toi et par toi. C'est là que seront déposés en un reliquaire, nos an-

neaux d'alliance une seconde fois bénis par
la rédemption de mon âme, à l'heure où il
plaira à Dieu de m'appeler auprès de toi.
En attendant, sois mon Étoile, mon guide,
mon inspiratrice, après avoir été mon bon
Génie sur la terre, toi qui n'as cessé de
m'entourer d'une atmosphère bienfaisante
et salutaire en ce monde aujourd'hui désert
et sans attrait pour moi.

Le Père de Jeanne

Je manquerais à tous mes devoirs de ne
pas insérer dans ces documents, une page
à la mémoire du père de ma femme. A la
mémoire vénérée de sa fille, je dois ce
pieux souvenir; je l'entends me remercier
pour l'hommage que cette pensée lui envoie.

Avocat distingué, travailleur infatigable,
M. P... possédait le secret d'être pour ses
semblables, un palladium par l'éclectisme de
ses conseils, par l'énergie de ses moyens, par
la virilité de son talent.

Homme de bien par dessus tout, il ne
prenait en mains la défense que des causes

où le droit et la justice primaient les arguments le plus savamment mis en ligne. Là
était le difficile, de mettre en évidence dans
les questions litigieuses les plus complexes,
le droit des intérêts lésés.

D'une lucidité de jugement qui ne faisait
de doute pour personne, il excellait dans la
réalisation de cette tâche, souvent ardue,
toujours laborieuse. C'est cette faculté sur-
prenante de puissance chez M. P..., qui faisait dire de lui à un des présidents les plus
estimés de la Cour d'appel de L..., : Lorsque Me P... se présente à la Barre, la cause
est entendue. Quels succès constants dans
ses plaidoiries, que de causes gagnées sans
qu'il en ait coûté un centime aux bénéficiai-
res. Et, quand il se faisait payer, ce qui
étonnait toujours, c'était la modicité parfois
dérisoire, c'est le mot, de ses prétentions.

Lorsqu'il s'agissait de la conclusion d'un
marché, il ne formulait une solution qu'après
avoir pesé et placé en regard des siens, les
intérêts de l'autre partie.

Il était la providence des habitants d'une
petite commune du Ch..., où son nom est

resté l'expression de la légende du désintéressement. Sa fille bien-aimée, elle aussi, a
recueilli l'héritage du renom paternel pour
continuer et perpétuer, par l'emploi de cette
dot précieuse, une réputation si noblement
acquise.

Erudit, poète à ses heures, musicien
consommé, les loisirs du jurisconsulte étaient
agréablement occupés, pour son entourage
d'amis et pour lui-même, satisfait chaque
fois qu'il savait être agréable et utile aux
autres.

D'une grande et clairvoyante bienveillance pour ses serviteurs, d'une débonnaireté
paternelle vis-à-vis de ses fermiers, il
n'hésitait pas à se rendre au plus fort de
l'hiver auprès de l'un d'eux, qui avait son
affection, pour le voir dans sa maladie, maladie mortelle dont M. P... a contracté les
germes morbifiques qui l'ont emporté à son
tour.

De son vivant aimé et estimé, béni après
sa mort ; tel fut le père de ma femme aujour-
d'hui auprès de lui.

Invocation

Ainsi que l'a dit de toi, ma bien-aimée chérie ! une sainte religieuse qui te connait comme si elle avait vécu avec toi, nous avons plus besoin de t'adresser nos prières qu'il n'est besoin que nous priions pour toi.

Prie pour ton mari, que tu as laissé seul et sans consolation possible, le Bon Dieu et la sainte Vierge, auprès de qui tu es désormais. Prie-les de m'accorder la grâce de me maintenir dans la voie que tu m'as ouverte par l'exemple de tes vertus ; prie-les de m'accorder le bonheur, la suprême consolation de m'élever jusqu'à toi, afin qu'à l'heure où je te rejoindrai, je sois digne de toi, digne des grandes vertus dont tu as été dotée par la divine Providence.

Le 24 Juin

A l'occasion de ta fête, j'ai fait un pèlerinage à ta tombe, sur laquelle des fleurs comme tu les aimes, dépouillées d'expression de deuil, ont été pieusement déposées.

Il me semblait te sentir là, vivante comme aux jours de visite que nous faisions ensemble à nos morts et, que nous nous parlions pendant que je procédais à la toilette du monument, ainsi que je le faisais habituellement aux anniversaires des morts.

J'ai mis à profit l'anniversaire de notre commune fête pour suspendre moi-même, en regard de la statue de N.-D.-des-Marais de V..., un ex-voto commémoratif en reconnaissance de l'œuvre de rédemption accomplie par toi, à mon intention.

La Vierge, que tu as priée durant ta vie, nous bénira dans cette offrande et me protégera pour cette pensée, contre les vicissitudes qui me restent à traverser pour arriver jusqu'à toi.

Le cœur plein de larmes, l'âme envahie de tristesse, j'ai quitté notre dernière demeure pour consacrer à cette journée commémorative, ces quelques lignes inspirées d'affection et surtout pour essayer par cet épanchement de mon chagrin, d'en adoucir l'amertume.

Elégie

Toi qui passas, rêveuse en la vie éphémère,
De ses maux subissant plus d'une atteinte amère,
Tu ne vécus pour rien autre que pour aimer ;
Le même amour te fit vivre et te consumer ;
Esprit fait de justice et cœur fait de vertu,
Etre supérieur à notre être fragile,
Pétrie d'autre limon que la commune argile,
Figure transparente et pure, où donc es-tu !

C. T.

Le poète qui a écrit ces vers, a été inspiré par des impressions sincèrement ressenties ; j'y ai trouvé l'expression de ce qu'a été celle qui m'a quitté ; j'y ai reconnu l'accent dont j'aurais lyrisé cette évocation, si je possédais l'art d'écrire.

PENSÉES DE JEANNE

Abandon de ma destinée à Dieu

Mon Dieu, vous m'avez amenée jusque-là, aidée de vos inspirations dans la vie, afin sans doute que je suive la destinée que dans vos mystérieux desseins, il vous a plu de me choisir.

Elle sera ce que vous voudrez, Seigneur ! heureuse et sans secousse ou triste et décevante ; je me conformerai avec humilité aux arrêts de votre volonté divine.

Ma destinée est entre vos mains, ô mon Dieu ! Je ne suis rien qu'un atome que vous avez bien voulu façonner pour qu'il me soit permis de vous connaître et de vous servir.

La vie monastique a bien ses charmes : être tout en Dieu, prier pour les pécheurs, répandre la charité parmi les pauvres déshérités des joies de ce monde. Quelle sainte mission ! Mais il ne me semble pas, Seigneur, que je sois assez trempée, malgré la grande foi dont il vous a plu de m'animer, pour une si grande grâce.

Si le mariage doit me donner avec les joies de la maternité, le bonheur de vous servir, ô mon divin Maître, sans cesse, sans relâche, avec le zèle religieux que vous m'avez fait la grâce de mettre en moi, j'accepterai de vous ce sort.

Que mon mari, ô mon Dieu, s'il vous est agréable que je me marie, soit selon mes vœux doué de sentiments religieux, qui sont comme la communion des âmes unies par les liens du mariage.

D'ailleurs, ô mon Dieu, j'ai besoin en ce monde d'un appui sûr. Il me faut à moi, faible créature, un étai, un tuteur non pour fortifier mon âme, toute à votre dévotion, mais afin que je ne sois pas isolée en ce monde de misère et de larmes, le jour où je me trouverai seule, privée des miens, de mon père bien-aimé, cet homme de bien qui a droit à toutes les sympathies, à tous les respects, parce que c'est vous, Seigneur, qui l'avez doué des qualités supérieures dont moi, sa fille, j'ai lieu d'être fière.

Vocation

Mon directeur spirituel, le P. de B. se fait un grand scrupule de me donner sur ma vocation, des conseils susceptibles de peser sur ma décision. Je lui en sais bon gré et je m'en remettrai désormais à l'inspiration d'en haut, à la voix de ma conscience.

Les religieuses que j'ai eues pour maîtresses, au couvent des Ursulines de V., m'exhortent vivement à écouter la voix de mon cœur, sachant par expérience, ces excellentes Sœurs, que la vie claustrale ne saurait convenir qu'aux vocations trempées et qu'aux volontés inébranlables.

La Prière

Dans le bonheur, la prière et les pratiques de dévotion sont des freins qui retiennent sur la pente perfide des plaisirs.

La prière fait également envisager le bonheur comme une faveur du ciel, lorsqu'on recherche dans la prière et les méditations pieuses, l'élévation dans les sentiments qui doivent nous inspirer en toute chose.

Il y aurait donc imprévoyance et ingratitude envers Dieu, à perdre de vue ce précieux objectif, dont la réalisation doit être envisagée comme un bienfait du ciel.

Dans la peine, dans l'affliction, la prière est un soutien ; dans la douleur un baume, lequel s'il ne guérit pas toujours, peut et doit en adoucir l'acuité.

Quel refuge n'est-elle pas aux âmes qui cherchent leur voie, cette religion divine révélée aux hommes par Notre Seigneur Jésus-Christ.

Mon cher ami,

Nous voici mariés ; maintenant que je suis ta compagne, toute à toi, puisque Dieu en bénissant notre union, a uni ma vie à la tienne, je puis donc tout te dire, surtout ce que j'ai sur le cœur.

Ton premier bouquet, composé des fleurs

les plus belles que la saison de Nice a su te donner, m'a attristée.

L'emblématique blancheur qui en faisait le ton, était couronnée d'une ceinture de violettes de Parme. J'ai compris la piété de ta pensée; tu as tenu, n'est-ce pas, à n'y point oublier le deuil récent de la mort de mon père bien-aimé.

Dieu me garde d'en avoir de l'humeur; mais, te l'avouerais-je, un frisson de mélancolique tristesse m'a envahie à la vue de cet emblème de deuil, jeté comme un crêpe sur ce bouquet de fiançailles.

Je prie le bon Dieu de vouloir me faire la grâce que ce ne soit point un présage de deuil, un avertissement fatidique. J'espère aussi, mon ami, que le temps, aidé de tes attentions envers moi, effacera de mes souvenirs cette émotion, peut-être puérile, mais profondément ressentie.

Ne crois pas que ce soit la crainte de ma mort qui m'ait ainsi remuée, non; mais je n'aime point les couleurs de deuil dans les fleurs, surtout lorsqu'il s'agit d'un bouquet de mariée, auquel il faut laisser toute sa poésie de bonheur rêvé. Le deuil, d'ailleurs, est au fond du cœur et ne saurait se traduire sincèrement en dehors de ses affirmations réelles.

Mais laissons ce sujet, trop triste pour la circonstance et, permets-moi de te confier, après cet épanchement de mon cœur, que les fleurs sont des présents du Ciel et ne doivent rappeler que le Ciel dans leurs symboliques expressions.

Le Ciel évoque-t-il donc de tristes pensées, pour en voiler l'éclat et l'espérance par des couleurs attristantes !

Le colonel R., parent et ami de mon père, a prononcé à table, quelques phrases touchantes à la mémoire vénérée de mon père. J'y ai été extrèmement sensible, j'ai été profondément touchée de la part que ton cœur a prise de mon émotion. Tu aimes mon père ; ton cœur me dit que tu aimeras sa fille ; merci.

Ta bien dévouée, JEANNE.

Le Quiétisme

Je suis une fervente adepte de la doctrine quiétiste, à la condition que l'âme qui abandonne ainsi à Dieu sa destinée, ne porte rien en elle qui soit de nature à la faire dévier de la voie selon les vues du Seigneur.

En ce cas, le quiétisme est un oubli de soi-même poussé jusqu'à l'abandon du gouvernail de la conscience, un défaut d'attention qui peut être préjudiciable au salut de soi-même. Remettre entre les mains du Seigneur, le maître absolu, il est vrai, de la création, sa destinée, n'implique pas qu'il faille ne rien faire pour venir en aide à l'accomplissement du but final. Dieu ne l'a pas entendu ainsi, ce me semble. Il est donc raisonnable que nous ne nous perdions pas de vue, ne fût-ce que pour nous surveiller à travers les écueils de la vie.

Les écueils, en ce monde, doivent être redoutables aux âmes faibles et sans défense, s'ils sont aussi subtils, aussi insidieux que l'enseignent les saintes Écritures.

Qu'y a-t-il donc à faire pour les éviter ?

La réponse pour moi ne fait pas hésitation : Se retremper aussi souvent que possible dans le Sacrement de la sainte Eucharistie.

Combien en la matière, l'éducation morale selon la religion chrétienne, est une force contre les houles de la vie.

Les enseignements de la religion, non seulement ont pour but de nous armer, une fois livrés à nos propres ressources, mais encore et surtout, de préserver notre jeunesse de tout germe capable de ternir l'innocence de cet âge.

Les milieux que j'ai traversés jusque-là ont été salutaires à mon âme ; milieu familial et relations extérieures, tout cela était en harmonie avec mes goûts et mes aspirations.

Jamais il ne m'est arrivé, quelques succès que j'aie pu avoir dans le monde où j'étais choyée, de me douter qu'un monde pervers et dépravé existât.

Il a fallu depuis que je l'apprenne, non parce qu'il m'a été donné de le voir, mais parce que je l'ai entendu dire quelquefois.

Reconnaissance

Mon Dieu ! je vous exprime ma profonde reconnaissance. Vous m'avez donné une fille.

Je l'ai vouée, dès sa naissance, au culte de la Sainte Vierge, dans l'espoir que la sainte protectrice du monde voudra bien me faire la grâce de veiller sur les jours de cette enfant, de la préserver de la maladie, de défendre la jeune fille contre les tribulations de la vie, de la conduire par la main, à travers les sentiers étroits et semés d'écueils du monde.

Quelles que soient vos vues sur la destinée de ma fille, ô mon Dieu ! je me soumets d'avance à vos arrêts, avec la fervente conviction que mon enfant sera, en toutes circonstances, dans toutes les situations, digne des faveurs de son divin Créateur.

Aidez-moi, ô mon Dieu, dans l'accomplissement de ma tâche. Il me semble déjà que je possède les qualités indispensables à cette œuvre d'éducation chrétienne, tant est sincère et ardent mon désir de faire de mon enfant une figure à l'image des êtres qui vous plaisent.

Je m'inspirerai de vos divines inspirations, je suivrai fidèlement les enseignements de la sainte Eglise, que votre Fils bien-aimé a fondée pour la plus grande gloire du Ciel. Je m'imprégnerai des belles maximes de la vie de Notre Seigneur, afin de mériter la grâce que vous demande humblement à genoux votre servante.

Résignation

Ma fille est morte. Je l'ai vue en songe la nuit qui précéda sa fin, flottant sur une mare d'où il m'était impossible, aidée de mon mari, de la ramener au bord.

Mon mari savait mieux que moi le sort qui était réservé à cette pauvre enfant ; il n'ignorait pas que la rougeole hemorrhagique est sans pitié. La cruelle fauche partout où elle passe les êtres aimés sur lesquels les mères fondent tant d'espérances. Mais il n'osait, dans la crainte de m'affliger, me pressentir de ce terrible dénouement. Il me reste, il est vrai, pour me soutenir dans mon deuil, qui deviendrait du désespoir sans ce soutien, serait une douleur au-dessus de mes forces, si une voix intérieure ne me disait que ma fille est au Ciel, au Ciel, pour nous bénir et pour nous protéger, mon mari et moi.

Avoir un Ange au lieu de posséder l'enfant est sans doute un bienfait du Ciel ! Si votre volonté, ô mon Dieu, le veut ainsi, je m'incline en baisant la main qui m'éprouve dans mes plus chères affections.

Les Perles

J'ai la superstition, je le confesse, des présages dans les visions éclairées par les songes, des présages que les traditions populaires attachent à certains objets de parure, tels que les perles.

Mon mari m'a offert en cadeau, peu après notre mariage, une croix et un médaillon garnis de perles. Je l'ai remercié avec reconnaissance ; mais c'est avec une émotion dont

je n'ai pu me défendre que je me suis parée
des bijoux précieux.

Il me semblait qu'allait s'assombrir le
rayon de bonheur qui avait traversé mon
cœur. Mon père mort, j'avais mis en mon
mari toutes les ressources de mon affection ;
je lui avais abandonné la direction de ma
vie,. le soin de m'aider à réaliser l'objectif
de mes aspirations. Lui, quoique incomplè-
tement détaché de ses illusions de jeunesse,
comprenait cependant que le mariage est un
lien sacré que Dieu a tissé de ses propres
mains. Et s'il ne l'avait envisagé en d'autres
temps que comme une fin convenable, il le
reconnaissait, j'en avais l'impression, pour
un bienfait de la Providence. Cependant, les
nuages qui devaient voiler la sérénité de
mon bonheur se montrèrent, les perles que
je portais troublaient ma pensée de leurs
fatidiques prédictions.

Je sentis plus d'une fois les larmes gon-
fler mon cœur, impuissant dans sa résignation, à les empêcher de couler, d'être vues
de mon mari.

Je lui avais apporté avec mon cœur toutes

les illusions bienfaisantes dont j'avais été bercée par les saintes lectures, toutes les réserves de tendresse dont m'avait pourvue l'éducation paternelle.

Lui, insouciant des idéalités que j'avais entrevues dans le mariage, ne répondait pas toujours à l'entière, à l'absolue confiance que j'avais mise en lui.

Parti seul par boutade pour la campagne, où des travaux à y faire exécuter devaient le retenir quelques jours, mon mari eut bien vite ressenti le vide, me disait-il, de mon absence, le chagrin de mon éloignement. Viens par la voie la plus rapide, m'écrit-il alors, viens me rejoindre. La vue des choses que nous avons vues ensemble, l'écho de ta voix que j'entends m'appeler, les reproches de mon cœur, ce sentier fleuri où je voudrais embrasser le souvenir de tes pas ; toutes ces visions font un cortège funèbre à ma vie et m'écrasent ; viens.

Je te l'avais déjà exprimé, mon ami, lui dis-je en le retrouvant : je suis ta seule et véritable amie.

Il en a été profondément impressionné et

depuis, dans le cours de notre existence, il m'a répété : Tu es ma seule et véritable amie !

Mon Dieu, accordez-lui votre pardon, comme je lui ai pardonné ses torts ; il paraissait si repentant lorsqu'il me disait : Je ne me pardonnerai jamais, durant ma vie, mes culpabilités envers toi.

Perles, présages de larmes, plus jamais je ne vous porterai !

La Maison de Dieu

Un efficace délassement des préoccupations obligées de la vie matérielle consiste, — j'en fais chaque jour l'expérience, — à consacrer ses loisirs à la méditation, dans une chapelle aussi abritée que possible des bruits de la rue, aussi isolée que possible des foules.

Le rosaire, le saint rosaire, voilà qui doit remplir les lacunes de la vie occupée. Quelle douce et agréable récréation pour l'âme, quel suave aliment pour la pensée que la prière dans le Rosaire.

Un livre d'heures ne me paraît pas absolument nécessaire à l'assistance aux saints offices. En cela, mon directeur spirituel est de cet avis.

La messe peut être suivie avec beaucoup plus de ferveur et de profit lorsqu'on la sait par cœur et qu'on l'accompagne de méditations qui ne vous laissent pas un instant distraire par l'entourage.

Les grandes fêtes catholiques, dont la pompe est un hommage rendu à la divinité de Notre Seigneur, m'ont de tout temps fort impressionnée. Il m'a toujours paru que l'homme avait le devoir de mettre au service de Dieu les merveilles de l'art, qui sont elles-mêmes un don du Ciel.

Et ces prédicateurs à la voix tonnante pour flétrir le mal, à l'accent mélodieux pour surnaturaliser l'infinie bonté de Dieu, ont également le pouvoir, dans une large mesure, d'entretenir le zèle religieux, de réchauffer les âmes attiédies par les misères morales du siècle ; mais à la condition qu'on suive régulièrement leurs sermons, tout particulièrement ceux qui se font au temps du Carême.

C'est la parole de l'Apôtre, invitant le pécheur à le suivre dans la grande voie de rédemption frayée par Notre Seigneur Jésus-Christ. C'est la semence qui doit féconder l'âme restée stérile ; c'est le breuvage qui doit étancher la sécheresse de l'endurci au mal.

L'Eucharistie

La sainte Eucharistie est un des plus mystérieux et des plus vivifiants sacrements de notre divine religion.

Notre Seigneur envoyé par son Père pour mettre dans la bonne voie les hommes jusque-là pervertis, a voulu par le sacrement souverain de l'Eucharistie, leur laisser le souvenir perpétuel de son passage sur la terre et de la rédemption qu'il y a opérée.

Ce mystère sacré, n'est-il pas effectivement le lien étroit qui nous rattache à Jésus, notre Sauveur, le souvenir sacré de son divin sacrifice et la communion la plus intime que Dieu ait mise entre lui et l'humanité.

Par ces paroles sublimes : ceci est mon corps, ceci est mon sang, Jésus a voulu établir un lien étroit de sainteté par la personnification de la Croix, entre lui et l'humanité. Il a voulu par ce saint mystère, par ce pacte sacré, nous assurer la paix sur la terre, le salut dans l'autre vie, à la condition toutefois, pour nous, de le suivre et de tendre à l'imiter sur le calvaire de la vie terrestre.

La sainte Eucharistie porte en elle, non seulement une consolation, une espérance ; mais par le renouvellement incessant du souvenir qui s'y rattache, un réconfortement de l'âme, une vivification spirituelle que seuls peuvent octroyer le corps et le sang de Celui qui s'est fait homme pour descendre sur la terre, qui a donné sa vie humaine pour nous racheter par ce divin Sacrifice, et qui est monté au Ciel pour y faire la place méritée par la pureté de notre vie.

Cette pratique religieuse est certainement la plus efficace force qui soit donnée aux hommes de se maintenir dans le courant des vertus qui font les générations fortes, les sociétés impérissables; d'acquérir le don de ces mêmes vertus à ceux que le péché a tenus à l'écart.

Faites ô mon Père, que je ne manque pas à ce saint devoir, dont vous nous avez enseigné le mérite, après l'avoir institué vous-même.

Ne permettez pas que les circonstances même imprévues, indépendantes de ma volonté, m'éloignent, ne fut-ce que momentanément, de cette sainte Table où préside le divin Crucifié, où plane le Saint-Esprit descendu du Ciel pour éclairer nos consciences et dilater nos âmes.

Puisque vous êtes ô mon Dieu ! mon soutien, ma force, veuillez je vous en conjure, rester toujours possesseur de mon âme, directeur souverain des actes de ma vie et étendre votre bénédiction à ceux que j'aime, à mon mari, dont vous m'avez donné la garde, dans un avertissement que j'entends encore.

Une religion qui a pour maxime : Aimez-vous les uns les autres comme des frères, est assurément la seule religion émanant de Dieu.

C'est Dieu lui-même qui l'a envoyée aux hommes, qui nous en a enseigné les merveilleuses ressources, par l'entremise de son divin Fils, fait homme pour l'accomplissement de cette prophétie, mort volontairement martyr de ses saintes doctrines de charité et de rédemption.

Le pardon

Le pardon émane d'un cœur magnanime et d'un esprit désintéressé des préjugés mensongers de ce monde. Il faut posséder une âme élevée et une conscience satisfaite pour savoir pardonner.

Je ne doute pas que le pardon n'ait de tout temps été un des attributs de notre nature spirituelle ; mais l'application de cette qualité ne nous a été donnée en exemple que par Notre Seigneur Jésus-Christ. Lui seul, en vrai Dieu qu'il est, a su pardonner ; Dieu seul sait pardonner.

L'homme, créature imparfaite, ne saurait

posséder cette suprême abnégation de l'amour-propre froissé et de la dignité choquée, s'il n'était touché de la grâce divine qui a le pouvoir de nous élever aux plus méritoires actions.

Le pardon et l'oubli des injures et des offenses ; quelle force humaine serait capable de vaincre la rancœur qui résulte d'un procédé malveillant, si elle ne se plaçait en regard de la Croix, d'où Jésus à su pardonner et bénir, tout sanglant d'injures sur son gibet, avant d'aller s'asseoir sur son trône céleste.

Pardonnons donc à notre prochain, le mal qui nous vient de lui, et surtout sachons pardonner sans arrière-pensée, sans le moindre ressouvenir des lésions d'amour-propre et de dignité. Et, pour que notre pardon soit entier, efficace, prions le bon Dieu de faire descendre son pardon sur nos ennemis, de les ramener à de bons sentiments et de leur accorder la grâce de devenir bons à leur tour.

N'a-t-il pas dit, le divin Sauveur, au larron touché par la grâce : Ce soir, tu seras au Ciel avec moi. N'est-ce pas là, l'expression la plus sublime du pardon, un pardon divin.

La Pauvreté

Jésus a dit : « Les pauvres sont des miens ; le royaume des cieux leur appartient. » Parabolique maxime, de la plus haute expression de charité et de miséricorde, que seul, un Dieu tout-puissant puisse émettre, sûr de l'infaillibilité de ses paroles comme de ses actes.

Ce serait une noire ingratitude à nous qui devons tout à Dieu, que de ne pas nous mettre à sa disposition, pour ses intermédiaires entre lui et les déshérités. Et, en donnant son superflu aux pauvres, le riche, sans s'appauvrir, non seulement accomplit un devoir envers son prochain, mais encore se met en contact avec ceux à qui sont réservées les félicités célestes, avec ceux qui seront alors les riches, les privilégiés d'un monde où la justice divine attribue aux humbles, les plus hauts apanages de l'empire sans bornes du Ciel.

Le riche a donc intérêt à se rapprocher du pauvre, en lui tendant la main, non comme à un mendiant, à un être de basse condition, mais comme à un frère moins avantagé que lui par la destinée. En cela, il plaira à Dieu et se préparera pour l'avenir les faveurs du Ciel, lorsque aura sonné pour Dieu, l'heure de juger souverainement ses actes, dont la balance est rigoureusement tenue par l'infaillible et immuable justice.

Nos frères pauvres, voilà la qualification que nous devons à ces éprouvés des misères humaines, nos frères pauvres seront à l'heure de notre mort, si nous leur avons donné le denier de Dieu, pour nous ouvrir le Ciel, pour nous rendre en félicité éternelle, le peu de bien que nous leur aurons fait durant notre vie.

Est-il possible qu'à notre époque, en pleine civilisation, au sein d'une société policée, végètent des êtres humains, écrasés par la misère, par cet état de dénuement qui va du désespoir au suicide, de la démoralisation à l'irréligion. Et cependant, les faits nous révèlent quotidiennement ces écarts criants, ces distances infranchissables entre les classes extrêmes.

Si l'initiative privée ne se montrait dans ces milieux sombres où s'étiolent tant d'énergies, la misère deviendrait la généralité en raison de la monopolisation de la fortune à notre époque.

Nous avons donc le devoir sacré, nous qui sommes des privilégiés, de venir en aide à ces misères physiques par des secours matériels, à ces plaies morales, avec les ressources de la religion, cette grande consolatrice des affligés et de toutes les afflictions. Le bien que nous avons pu faire, mon mari et moi, n'est qu'un prêt fait à la Providence des malheureux. Mais cette œuvre est à compléter et nous la complèterons; nous avons en vue l'œuvre de D. B. et les hospices de V. lesquels seront dotés un jour par nous. Dieu nous le rendra au centuple.

L'Ame

La vie terrestre n'est qu'un passage, la mort sur la terre, une transition. Telles sont les conclusions qui ressortent de l'étude de notre sainte religion, de notre croyance à l'immortalité de l'âme, de notre foi en la divinité du Créateur.

Un Dieu, immortel par l'infini de sa toute-puissance, ne saurait avoir conçu la création sans lui infuser de son essence divine. Et, s'il a donné aux hommes une âme, c'est qu'apparemment il a voulu, par cette étincelle de lumière divine, les élever jusqu'à la compréhension de son infinie divinité.

Or, cette immatérialité de l'être pensant chez l'homme ne constitue-t-elle pas le principe même d'immortalité de son âme. D'autre part, un Dieu infini en perfections ne peut se tromper et ne saurait induire en erreur ses créatures privilégiées, sans la négation de son existence même.

En nous dotant d'une âme, Dieu a voulu nous pourvoir de cette semence céleste qui fait germer les sentiments nobles et les vertus élevées.

Ne pouvant nous tromper, il faut que la foi, les sentiments, les vertus soient des résultantes de vérité inéluctable. Et la conscience et le libre arbitre, qu'est-ce cela, si ce n'est une manifestation du germe divin que Dieu a mis en nous, de ce pouvoir qu'il nous a abandonné de nous conduire nous-même en laissant à la conscience, le soin de juger de la direction, à Dieu, celui de favoriser notre destinée ; caractères de supériorité, propres à élever l'homme jusqu'à Dieu, à assurer la possibilité de son salut dans l'éternité.

Sans ces qualités d'ordre surnaturel, nous n'aurions pas d'autres éléments de vie, d'autre raison d'existence que celle dévolue à l'animal.

Si les sentiments avaient la faculté de se faire jour en dehors de ce pouvoir suprême, leur durée serait éphémère, ils seraient le fait d'une digestion bonne ou mauvaise,

auraient la mobilité des temps et des tempé-
raments.

L'affection, la tendresse, la générosité, le
dévouement ne peuvent et ne doivent exis-
ter qu'à la condition d'être d'essence divine ;
bienfaisante et salutaire croyance qui nous
laisse aimer jusqu'au delà de la vie, ceux que
nous chérissons, à vivre avec eux d'âme à
âme, avec la foi de les aller rejoindre un
jour en Dieu.

De l'amitié

S'il est sur la terre un lien de bienfaisante
et salutaire solidarité, c'est sans contredit
l'amitié.

Dès l'enfance, ce sentiment se fait jour
chez les sujets doués pour l'avenir de générosité, animés pour le présent du désir de
donner à autrui quelque chose de soi, avec
le désintéressement absolu qui est la carac-
téristique de cet âge.

Mon mari me disait à ce propos que les
amitiés d'enfance ne survivent aux vicissitudes de la vie que chez les êtres supérieurs,

à qui les préjugés et les faiblesses humaines sont inconnus, et qu'il est fort rare que ces liens se ressoudent jamais après avoir été rompus soit par les distances sociales, soit par des exigences d'étiquette.

Cette sentimentale affinité, par sa sujétion aux évènements, est trop souvent éphémère, les liens d'amitié les plus fermes, résultant du contact, dans le courant de la vie, d'éléments faits de sympathie et de mutuelle estime.

En ce cas, ajoute mon mari, les élans généreux de l'amitié ne se donnent pas toujours libre carrière, sans heurter l'égoïsme, ce qui constitue précisément la valeur de l'amitié, dont le mobile devient alors un réciproque besoin de serviabilité, une mutuelle nécessité de se créer un autre soi-même.

L'amitié, chez les enfants, est la résultante d'échanges d'impressions et de mutuelle confiance, sans compter.

A l'âge où les intérêts matériels deviennent un des enjeux de l'existence, la longévité de l'amitié résulte du fait même des besoins de solidarité si précieuse dans .le processus de la lutte pour la vie.

Les personnes qui comptent beaucoup d'amis sont assurément pourvues d'un charme ; mais combien doivent être pétries de mansuétude et de bonté, celles dont l'amitié est recherchée par leurs semblables ; êtres rares, qui laissent après eux un vide immense, que rien ne saurait combler.

En me développant ce dernier point de vue, mon mari m'adressait un regard d'allusion dont je ne puis qu'être flattée sans en accepter le bien fondé.

Quoiqu'il en soit, si l'amitié est un bienfait du Ciel, que Dieu l'inspire aux hommes, que l'éducation l'infuse aux générations, afin que les rapports entre les hommes soient solidarisés par l'esprit de fraternité et de charité qui adoucit les mœurs, sûrs guides de la civilisation chrétienne.

Mon mari me répétait comme terminale de ce sujet :

La parenté, doublée de l'amitié, est un lien compact et étroit ; en dehors de cette qualité, ce lien n'a que l'affinité contingente de la consanguinité ou les exigences d'une loi d'état civil.

L'économie

Dans la vie sociale qui nous est dévolue, il est une qualité précieuse en ce sens qu'elle réalise un gain toujours honorable. Cette qualité, qui résulte toujours d'une éducation soignée, c'est l'économie.

Il y a deux sortes d'économie : l'économie du temps et l'économie d'épargne.

Le temps est d'un prix inestimable, au-dessus des richesses de ce monde ; il est si court, même dans la mesure de ses plus larges limites, qu'on ne saurait le trop bien remplir. Dieu, d'ailleurs, nous en a donné la jouissance, afin que nous apportions à sa gloire, dans la perfectibilité de l'humanité, notre pierre d'édification.

Nous devons donc tendre de tous nos efforts à employer sagement les jours que la divine Providence nous a tissés, à nous exercer de bonne heure à atteindre cet objectif, afin qu'à l'âge mûr, il nous soit donné la satisfaction de contempler, au bout du chemin parcouru, le travail accompli au profit du bien moral, ainsi qu'au point de vue du travail d'ordre matériel, l'un et l'autre indispensables à la vie terrestre et à l'évolution vers les hautes aspirations qui rapprochent la créature humaine du Créateur.

Les instants de repos, les étapes de loisir qui sont nécessaires à la rénovation des forces intellectuelles, à la reprise des forces physiques, ne doivent point rester vides d'occupations récréatrices, de celles qui élèvent l'âme par la prière, de celles qui embellissent l'esprit par des lectures choisies, de celles enfin qui affinent l'éducation des sentiments par les contacts de milieux élevés, élevés, non au point de vue des mondanités qui ne sont que le simulacre de la vie comme il faut et n'en ont que la façade, mais dans ces milieux de haute moralité où gens de bien, dans l'acception absolue du mot, planent au-dessus, comme le dirait mon mari, des insanités de cette fête perpétuellement travestie, qu'est la haute vie mondaine.

Le proverbe anglais est le reflet de l'existence terre à terre, de la lutte pour l'argent ; il conviendrait d'élever plus haut cet idéal, par des visées plus nobles du gain, la fortune devant avoir pour jouissance, à part ses utilités indispensables, des satisfactions opposées à celles que procurent les plaisirs, aussi creux que vulgaires, de l'existence d'entraînement du snobisme moderne, ainsi que dirait mon mari.

L'économie d'épargne consiste à ne pas laisser perdre ce qui peut être au besoin utilisé secondairement, à ne dépenser strictement que ce qui revient à l'existence sans faste, au-dessus des vanités.

Il faut mettre de côté pour soi ou pour de moins bien partagés, ce qui ne peut être utilisé immédiatement, ou ce qui reste inemployé sur un objet de vêture ou de subsistance.

Il ne faut pas marchander au travail consciencieusement fait, son salaire ; on ne doit pas de parti pris, déprécier la valeur vénale des objets d'un usage profitable, lorsque ceux-ci sont reconnus tels, parce que l'économie à réaliser, peut être escomptée sur la durée de leur utilisation. L'essentiel, en l'espèce, est qu'il convient de s'adresser à des maisons de notoire probité et de mœurs irréprochables, ce dernier point indispensable, selon mon mari, les mœurs étant suivant leur teneur, le palladium ou le dissolvant de la fortune.

L'économie d'épargne doit porter sur toutes les choses indispensables à la vie matérielle; le pauvre, pour soi-même, le riche, pour le nécessiteux.

Il n'y a pas de petites économies, dit un adage populaire; effectivement se retrouve un jour ou l'autre, pour en tirer parti, ce qui a été mis avec méthode de côté.

Sur les revenus de la fortune, c'est un devoir d'économiser pour l'avenir de ses enfants, pour l'avenir de cette intéressante collectivité qui se nomme l'enfance. De cette façon, la fortune légitimement acquise, ne s'émiette point en de vaines et stériles satisfactions. Elle se transmet conformément à

l'esprit de la loi de haute humanité, qui
émane de notre sainte religion.

P. A...

Le croirais-tu, mon ami ; après avoir fait
proposer, ainsi qu'il était convenu avec toi,
à C..., de nous confier son jeune fils, pour
le faire entrer au Lycée de L..., j'ai eu le
surprenant déboire d'une réponse négative
de sa part.

Je n'ai pas eu le courage de lui faire part
de ce que je pense de son irréfléchie et coupable attitude, en regard de la perspective
de prospérité et de légitime orgueil, que
notre proposition devait faire luire à ses yeux
et pour elle et pour les siens.

Mon père, tu le sais, avait pour son mari,
mort accidentellement, une estime qui tenait
de l'attachement ; j'ai pensé être agréable à
sa mémoire révérée et accomplir un devoir
en mûrissant dans mon esprit, avec le concours de ton expérience et de ton jugement,
ce projet d'avenir pour le jeune P..., d'une
capacité intellectuelle, au dire de ses

maîtres, capable de répondre aux espérances conçues.

Nous aurions eu la satisfaction d'avoir
fait émerger de la foule, un être voué par
l'humble condition de sa naissance, à une
destinée obscure. Son pays natal eut été
flatté des succès de l'enfant, fier du renom
de l'homme.

J'e t'ai montré un soir à l'hôtel d'A..., à
L..., un haut fonctionnaire, officier de la
Légion d'honneur, qui paraissait à ton coup
d'œil de physionomiste, être un ingénieur.
Or, ce dignitaire de la Légion d'honneur,
était le sosie de P. A... le père de l'enfant.

Il m'apparaissait comme la réalisation de
ce que nous voulions que fut son fils, comme
la personnification de ce qu'il devait être un
jour.

Dieu, sans doute, dans sa sagesse infinie,
en a jugé autrement. Le bonheur ne résidant
pas toujours dans les étages élevés du monde,
peut-être a-t-il mieux valu pour P. A...
rester lié aux traditions de native probité et de modeste condition du giron de la
famille A...!

En admettant que ce résultat soit à P...
une déception pour le présent et un regret
pour l'avenir ; qu'il se console en médi-
tant cette pensée profondément juste, de
La Rochefoucauld : « Il faut de plus grandes
vertus pour soutenir la bonne fortune que la
mauvaise. »

Mon cher Ami

Mes parents dormaient paisiblement dans
le caveau de famille que nous possédions à
A... Cependant, tu as cru devoir faire opérer
la translation de leurs cendres à V...

Nous avions maintes fois, il est vrai,
regretté ce lieu de sépulture pour nos
parents. Je ne veux point revenir sur le
pénible résultat de nos courses inutiles à A...
où nous avons été privés de laisser à nos
morts, les fleurs dont nous avions fait un
bouquet à leur intention.

Tout bien pesé, nous serons plus à proximité de nos parents à V... et, si certains
inconvénients que nous n'avons pas prévus,
résultaient de ce changement, l'accès du

cimetière, ainsi que cela se pratique à la ville, sera mieux règlementé qu'il ne l'est d'ordinaire à la campagne.

Mais pourquoi avoir fait si grand les choses. Un petit temple de grand style pour des êtres comme mon père, de caractère modeste et de tempérament sobre en toute chose. La richesse du monument ne te semble-t-elle pas comme à moi, une antithèse, en regard de la modestie de celui dont tu as voulu, sans doute, consacrer la mémoire ; en regard aussi des annihilités de la matière humaine qui gît sous les dalles d'une tombe. Le style m'en plaît sans doute ; j'ai toujours apprécié et aimé ce qui tient de l'art grec ancien, dont les maîtres possédaient le génie de l'esthétisme et la conception du beau dans la simplicité des lignes.

Mais quelque admiration que je professe pour la belle architecture, il me semble que, eu égard à notre modeste situation, il eut été dans la mesure de faire montre de moindres démonstrations, tout en honorant, ainsi que tu as eu en vue de le faire, la mémoire vénérée de mon père.

Je m'arrête, car ce sentiment qui t'a guidé, sans doute, vient barrer la route aux arguments que je pourrais mettre en ligne pour te convaincre.

Un frisson m'envahit au moment même où la pensée de rendre à mon père, un hommage mérité, éteint en moi ce que tu apellerais une explosion de scrupules. Et puis, tu le sais, je veux tout ce que tu veux, parce que je t'aime et t'estime et aussi parce que je suis indissolublement liée à toi, à ta destinée.

Est-ce une hallucination, un rêve ! Je me vois couchée par la mort, sous la coupole de ton élégante colonnade, qui est un des plus dignes ornements du cimetière de V... De ce lit sépulcral, je lis ta pensée, inscrite au fronton même du monument ; cette inscription est l'épitaphe même de ta... Temple élevé à la mémoire de...

Tu aurais pu dire, ô Amie? l'épitaphe de mon bonheur ! si tu y as lu l'allusion que tu laisses planer. Maintenant que tu n'es plus sur la terre, je veux compléter l'épitaphe que ta pensée troublée n'a pu achever, par celle-ci : Temple élevé au bon Génie, dans la symbolisation de ton effigie.

Supplication

Mon mari est malade. Si c'est vous, ô mon Dieu, qui l'avez voulu, que votre sainte volonté soit faite, que vos desseins s'accomplissent.

Ne m'abandonnez pas, je vous en supplie, dans la tâche qui m'incombe : le guérir et le sauver.

Le guérir, j'y apporterai tout mon zèle, j'y mettrai tout mon dévoûment d'épouse. Le sauver, ô mon Dieu, serait un résultat dont vous auriez tout le mérite, parce que le malade attend que vous daigniez le toucher de votre grâce divine. Je ne puis moi, que vous implorer, implorer votre miséricorde infinie et vous dire : ô mon divin Sauveur, le jour où vous aurez rendu la vie spirituelle à mon mari, nous serons deux pour vous bénir ensemble, sous la même invocation.

Une nouvelle église

Il est à L... un saint prêtre qui s'est donné pour mission de ramener à la pratique des saintes doctrines de la religion les masses populaires de la G..., quartier qui fut aux premiers temps de sa population un véritable pandemonium.

L'abbé B..., du pays même de mon mari, un de ses frères de lait, a accompli, à l'heure où je lui consacre ces quelques lignes en retour de son amitié pour nous, en souvenir de sa mère, pour qui mon mari et moi avons conservé une grande vénération, l'abbé B... a accompli de sa tâche, véritable apostolat, le principal, l'essentiel, les fondations de l'édifice émancipateur du mal.

La plupart des ménages de cet ancien faubourg de grande ville jouissent actuellement des lumières bienfaisantes de la religion, sont heureux de la vie, fiers de leur relèvement. Le secret de ce prêtre est un peu celui de tous les apôtres : l'exemple des vertus, l'ardeur de la foi et l'éloquence persuasive de la parole convaincue.

Avec les ressources puissantes que sa persévérante volonté d'atteindre au but lui a values, il a bâti une église, fondé une paroisse qui n'est pas de celles où les vides, aux heures d'offices, se constatent lamentablement, ainsi que cela s'est produit dans quelques paroisses où les pratiques religieuses se sont depuis quelques années, attiédies jusqu'à l'indifférence.

Le nom de ce prêtre, selon l'idéal du Christ, restera celui d'un bienfaiteur de l'humanité.

Je sais fort bien que cet exposé sommaire n'apprendra rien aux habitants de L... qu'ils ne sachent depuis longtemps ; mais j'ai tenu à me donner, autant qu'à mon mari, cette satisfaction.

La Grotte de Ste Marie-Magdeleine

J'ai visité bien des lieux saints ; mais de toutes ces stations de piété, la grotte où sainte Marie-Magdeleine a vécu vingt années d'expiation, est bien celle, — si j'interroge mes souvenirs dans leurs impressions survécues, — qui m'a le plus profondément touchée.

Ce refuge, très pittoresque par les sites environnants, théâtral par ses perspectives intérieures, féerique par les jeux de lumière qu'y laisse pénétrer la clarté extérieure, ne pouvait être de plus heureuse découverte pour cette rêveuse de la vie terrestre devenue, par le rayonnement divin de Jésus, une rêveuse de la vie céleste.

Cette retraite, où sainte Marie-Magdeleine a scellé, comme sous une pierre sépulcrale, sa vie profane pour son retour à Dieu, le pacte sacré de sa conversion, n'a plus d'hôte qu'une hirondelle, dont le nid paraît une nodosité de stalactites. Un prêtre ermite se tient à la disposition des pèlerins dans un petit monastère soudé en nid d'aigle au flanc de la grotte de la Sainte-Baume.

A l'époque où j'ai fait avec mon mari cet intéressant pèlerinage, l'accès par la voie de Saint-Maximin était fort pénible, le trajet de la base au faîte du massif rocheux du Saint-Pilon, creusé en torrent pierreux, n'étant pratiquable qu'à dos d'âne ou de mule, chemins enfoncés par les eaux diluviennes d'un autre âge, sous la voûte rameuse de chênes et de châtaigniers séculaires.

Le versant qui fait face à la mer, beaucoup plus abrupt, est cependant le côté préféré des touristes pour les péripéties de ses escarpements et pour le coup d'œil grandiose de la Méditerranée. Mais la petite ville de Saint-Maximin offre le double intérêt d'être par l'âge de la crypte de sa basilique, un champ d'études pour les archéologues, par le crâne de sainte Marie-Magdeleine, en parfaite conservation et de proportions esthétiques, un lieu de vénération pour les âmes pieuses.

Dans nos souvenirs à travers les contrées que j'ai visitées avec mon mari, la sainte poésie de la légende, la grandeur des solitudes qui lui servent de cadre, nous rattachaient sans cesse à cette impressionnante vision d'un des épisodes de notre vie.

Le nom de Magdeleine est un nom sacré dans la Provence méditerranéenne, un prénom aussi recherché que répandu.

Sœur Emerich

Merveille littéraire, lyrisme de style est la vie de Jésus écrite, sous l'inspiration illuminée d'une visionnaire, par un poète qui descendit du Parnasse pour ciseler les péripéties de ce drame, pour peindre les figures, dessiner les milieux qui ont servi de cadre et de théâtre à cette vie d'holocauste et de divins enseignements.

Ce livre est la plus belle page de notre domaine religieux ; tout, jusqu'au moindre détail, est attachant à lire, poignant à contempler, principalement en ce qui concerne les pathétiques scènes de la Passion.

Il n'est pas un village, un intérieur, un costume, un instrument de musique dont la description ne soit conforme à la véracité des traditions historiques, à l'authenticité des documents archéologiques.

Les récits que les visions de Sœur Emerich ont dictés au poète nous montrent Jésus vivant, marchant entouré de ses disciples, à travers la Judée ; à son approche, acclamé et béni des foules émerveillées de ses miraculaires démonstrations.

Sa figure, empreinte de divine majesté, rayonnante de douceur infinie, réflétée de candeur céleste, est saisissante par sa noble physionomie encadrée de couléurs locales d'un pittoresque inédit.

Marie-Magdeleine y est dépeinte en des traits d'un coloris charmant, qui repose la vue et appelle la miséricorde du divin Sauveur. Ce qui la touche, ce qui l'entoure, s'empreint de sa grâce naturelle, s'imprègne de ses parfums favoris, dont Jésus plus tard, aura les senteurs symbolisées par la pureté de son amour pour le Christ, purifiées dans ses larmes par le repentir.

La Passion ! Quel drame humain pourrait être comparé au martyre d'un raffinement innommable infligé par les hommes à l'Homme-Dieu, quel supplice humain pourrait être mesuré au broiement de son cœur, aux humiliations de sa dignité, aux outrages à sa personne. De telles souffrances physiques, de semblables tortures morales ne se peuvent souffrir que d'un Dieu, ne se peuvent pardonner que par un Dieu.

Les suggestives visions de Sœur Emerich m'ont inspiré cette page ; mon mari m'a incité à l'écrire.

Cette analyse de nos communes impressions, je la conserve précieusement ; mon mari la trouvera après moi ; je la lui dédie en priant le Bon Dieu de le bénir, puisqu'il a toujours eu pour les saintes et nobles choses une respectueuse admiration.

Le R. P. Grou

Mon Directeur spirituel, le R. P. M., dans les entretiens qu'il voulait bien m'accorder, m'a parlé à plusieurs reprises en termes qui m'ont engagée à les lire, des principaux ouvrages du P. Grou.

Ce savant érudit a composé de quoi meubler une bibliothèque ; la plus importante de ses œuvres, un livre qui lui avait coûté quatorze années de veilles, fut anéanti dans son état de manuscrit, par les flammes d'un brasier dans lequel une vieille servante, préoccupée de sauver son maître des fureurs de la Révolution, le jeta, prise de la folie du dévoûment.

Le P. G. très quiétiste, dans l'acception admise par l'Eglise, s'en remit à Dieu de cette catastrophe en se disant sans plus s'en lamenter : « Si l'œuvre capitale de ma vie a été ainsi détruite, c'est sans doute parce qu'il a plu à Dieu qu'il en fût ainsi ».

A la suite de cette épreuve, cruelle à d'autres, bénie de lui comme une faveur, comme un présent céleste, le P. G. se remit à l'œuvre avec un courage égal à sa résignation.

J'ai lu les principaux livres créés par cette lucide et puissante intelligence, et il m'a été donné d'en être satisfaite, tant au point de vue de leurs précieux enseignements que de leurs beautés littéraires.

Les phrases y sont aérées comme leurs pensées ; on y circule à l'aise comme dans un jardin à la Le Nôtre. Tout cela, illuminé d'un jour éclairant qui pénètre l'entendement et réchauffe l'espérance dans la foi.

Ses dissertations théologiques en matière

de quiétisme sont certainement d'une grande valeur, d'une portée au-dessus de mes visées ; mais ce qui m'a le plus charmée, est la partie pédagogique de ses travaux.

Mon mari, plus compétent que moi sur ce terrain, a pris à cette lecture, un intérêt dont il ne s'est point départi. Par comparaison, il classe l'éducation de la Jeunesse par le P. G. au premier rang des préceptes d'éducation chrétienne et sociale, publiés jusque-là par les plus éminents auteurs. J'en conseille la lecture aux mères de famille ; elles y trouveront un guide sûr, une lumière, ainsi que le disait le P. M., pour les diriger dans la voie de leur mission.

Les autres livres d'enseignement religieux qui ne confinent pas aux transcendantes argumentations théologiques en faveur de ses doctrines, seront également pour les familles chrétiennes ou en chemin de le devenir, pour les premières, un soutien de persévérance, pour les secondes, un entraînement à la pratique du bien.

Un nid de fauvettes

Sur la cîme d'un cerisier automnal, une fauvette avait juché son nid, hors d'atteinte des ennemis du dehors, de ceux qui n'ont pas le pouvoir de planer dans les airs.

Tout ouïe, tout oreilles, pour leurs oisillons, le mâle et la femelle voletaient tour à tour sans cesse dans l'orbite de leur nid, enveloppaient de leur vol la ramure tout entière de l'arbre, à la moindre alerte.

Un ami, un hôte de la maison, un gros chat, qui avait par ses coutumières minauderies attiré les caresses de la maîtresse de maison, vint un soir au coucher du soleil se poster en sentinelle attentive au pied de l'arbre, autant sans doute pour contempler les fruits qui pendaient à leurs branches en grosses perles de corail rouge que pour observer les allées et venues des fauvettes affolées par l'attitude en apparence peu rassurante de ce chasseur d'oiseaux.

Notre chat, que nous observions avec

autant d'intérêt que les fauvettes, en était
là de ses poses contemplatives, lorsque après
un court conciliabule entre les parents de la
couvée, tous deux se mirent en devoir par
un chassé-croisé très plaisant, de harceler
le chat à coup de bec sur le dos, sur la tête,
l'un gardant le nid tandis que le second
piquait sans merci, l'indiscret, l'intrus, réciproquement.

Ce malheureux chat fut atterré d'une si
audacieuse témérité, fut pétrifié dans son
attitude de chasseur au guet. Un instant, il
eut l'éveil de sa défaite par le courage et
l'énergie du faible ; il en prit honte et, se
croyant hors de vue, il déserta lentement
son poste démasqué ; se faufilant sans bruit
dans les hautes herbes de regain de la
pelouse, entre lesquelles il rampa en putois
blessé par une poule, jusqu'à ce qu'il eut
disparu.

C'est à A., dans notre habitation du Ch.
que s'est passée cette curieuse scène de
mimique animale, selon l'expression de
mon mari.

Les Ursulines de Nice

Sur le point culminant de Carabacel, s'élève pieusement comme une citadelle de la foi chrétienne, un bâtiment considérable par son périmètre, remarquable par la grandeur sans faste de son style et, de la plus heureuse situation, par l'orientation de ses façades aux heures successives de la journée solaire.

C'est le couvent de l'Ordre de Ste-Ursule, que la Supérieure actuelle, issue de grande maison, a créé de sa haute conception, avec sa dot.

Ce superbe monastère a reçu notre première visite à notre premier voyage à Nice.

J'y connaissais d'ailleurs une religieuse, que j'aimais pour ses brillantes qualités intellectuelles et notamment, pour la noblesse de son âme.

Cette fois-là, je m'en souviens encore comme si cette date était récente, c'était fête à la communauté ; on y célébrait par

une solennelle cérémonie, la consécration
de la section de la chapelle du cloître, ouverte au public.

Mme la Supérieure nous a fait entendre à
cette occasion, les vibrantes harmonies de
sa voix de cantatrice spirituelle.

Depuis, nous sommes allés chaque année
de nos saisons hivernales à Nice, faire religieusement notre visite à ces Dames, chez
lesquelles le charme de la parole est à l'égal
de leur haute piété.

C'est dans cette demeure, vouée à l'éducation chrétienne de la jeunesse, que pour
la première fois nous avons appris les merveilles de don Bosco, ce saint apôtre de la
charité, dont l'Italie gardera éternellement
la mémoire.

S'il est des circonstances dans la vie qu'on
regrette de n'avoir pas su mettre a profit,
celle-ci est assurément de ce nombre.

Nous avions ce jour, la rare occasion
d'assister à une bénédiction donnée en son
honneur et officiée par lui ; nous avions le
privilège ce jour-là, de le voir de près, et,
les circonstances, je ne sais trop lesquelles,

un peu, je crois me le rappeler, l'indifférence de mon mari, lequel a tant apprécié cependant, tant admiré, tant aimé depuis, ce surhumain ainsi qu'il se plaît à le qualifier ; les circonstances dis-je, n'ont pas permis que nous prissions part à ce jubilé de la vie miraculaire de don Bosco.

Aussi longtemps qu'il me sera donné d'aller passer l'hiver à Nice, je me ferai un devoir et un plaisir de suivre au bras de mon mari, les tournants de la montée de Carabacel pour aller visiter ces Dames lesquelles sont une de plus pour moi, depuis que la fortuité des circonstances nous a fait rencontrer Mme G. et ses filles, après 30 années sans nous être vues et, je suis heureuse de le dire, sans nous être oubliées réciproquement.

Projets !

Si le Bon Dieu me permet d'aller à N..., cet hiver, il est une satisfaction que je me promets à l'occasion des fêtes du Jour de l'An : Envoyer un panier de fleurs pour la pas sans fatigue la marche, moins encore la voiture, d'être à proximité de mon appartement.

Cette chapelle est un véritable chef-d'œuvre architectural ; ces splendeurs de l'art humain, sont éclairées d'un jour crépusculaire bien fait pour porter à la méditation et au recueillement les âmes les moins ouvertes aux aspirations élevées.

Mon mari me disait à ce propos, que l'art gothique du moyen âge était la plus haute expression des efforts de l'art religieux vers cet objectif, que ses hardiesses semblent aspirer à atteindre au Ciel.

Il ne m'a été donné de voir Mme la Supérieure de cette communauté, parce que ce n'était point son jour, lorsque je la faisais prier et aussi, que je n'avais le plus souvent de temps que celui que j'avais le désir et la volonté de donner à la prière.

Les petites Sœurs tourières, avec qui j'ai échangé souvent quelques mots avenants en traversant leur vestibule, m'ont exprimé bien des fois le plaisir qu'aurait Mme la Supérieure à me voir. Cependant jusque-là, les circonstances ne se sont par prêtées à cette entrevue, dont j'aurais été heureuse.

Puissent les fleurs que j'ai le désir de lui envoyer de N..., lui dire mes sentiments pour elle et pour sa communauté.

Mon mari professe pour M. Ed. Drumont une admiration que je partage. Ce qui me touche le plus chez M. Ed. Drumont, chez ce combattant pour sa race, comme l'appelle mon mari, c'est la sincérité de ses indignations, sa piété exemplaire et le courage de ses croyances.

Mon mari sera satisfait, M. Ed. Drumont aura son panier de fleurs, si les circonstances ne m'empêchent pas d'aller à N...

PAGES D'ALBUM

Les âges de la vie

Le cours de la vie se divise en deux périodes, deux étapes bien distinctes, bien différentes par leur objectif.

La jeunesse, toujours tendue vers l'avenir, impatiente d'y arriver, compte les jours pour effacer ceux qu'elle laisse derrière elle et les oublie pour ne se point charger d'un bagage qui ne lui est pas indispensable.

Cet âge s'écoule lentement pour le présent, insatiable d'inconnu, bouillant d'arriver, sans souci de ce que sera le lendemain, sans souvenance de ce qu'a été la veille.

Age heureux, qui semble pourtant lourd à porter, tant pour ses assujétissements à une règle, que par ses débordements toujours préjudiciables à son indépendance.

Si la jeunesse possédait la pondération de la raison et de la logique, elle marcherait à une destinée adéquate à ses aptitudes. Si elle savait conserver pour le cultiver, le germe de l'éducation religieuse et morale de la famille, le frein qui modère ses impulsions regrettables ne serait pas à chercher.

A la jeunesse succède l'âge mûr. Celui-ci ne procède plus de même ; ses jours ont une valeur entière qui leur donnent plus d'attachement à la vie.

Préoccupé de l'emploi de chaque jour, de chaque instant, cet âge vit pour le présent, ramène tout au présent, afin de ne le point perdre de vue.

Une femme aimée pour les qualités dont Dieu l'a embellie, des enfants en qui sont déposées les espérances d'ambition des parents ; voilà bien de quoi remplir le programme quotidien qui incombe à l'âge mûr, en vue des réalisations de son objectif invariable : faire vivre les siens et s'assurer, dans la descendance, les satisfactions du légitime orgueil de transmission héréditaire des sélections intellectuelles obtenues par l'éducation.

La vieillesse, qui ne vit plus que des souvenirs du passé, heureuse, lorsqu'elle peut se reposer sur les acquis du devoir accompli, triste et sombre quand ce passé n'est chargé que de remordatives évocations.

La mort, lorsqu'elle nous laisse seuls à l'âge mûr, à ce moment de la vie où tout est subordonné aux êtres qu'on affectionne, la mort transforme en regrets les meilleurs souvenirs, les regrets en remords.

Tout est brisé comme si un cyclone avait brusquement anéanti tout un avoir de bonheur présent, toute espérance de retour vers un passé de mutuelle et solidaire existence.

Sans enfants pour rattacher à la vie, la vie n'est plus qu'une attente de la mort.

L'existence la plus complète est celle qui compte la plus grande somme de labeurs pour le présent, la plus grande somme de réserves pour l'avenir :

« Mes arrières-neveux me devront cet ombrage. »

Décevances de la Vie

Lorsque je regarde autour de moi, dans le passé et dans le présent, quelle somme de bonheur a été dévolue à nombre de mes amis ou de mes anciens camarades, je me trouve en face le plus souvent de destinées plus infortunées qu'heureuses.

L'un a vu s'évanouir ses rêves d'ambition ; un autre n'a pas trouvé dans son intérieur le bonheur conjugal qu'il avait espéré ; il en est, dont les enfants sont nés avec des tares indélébiles qui les rendent impropres à une évolution normale pour la société ; d'autres enfin qui, nés de parents intellectuels, n'ont répondu que par un piteux avortement aux visées de leurs ascendants.

Est-ce bien là le lot de l'humanité en général ; je veux bien croire que ce ne soit que l'exception ; mais le tableau qui s'offre à mes regards, dans cette série d'observations, n'est pas pour me faire envisager la vie sous un jour idéal.

Peut-être ont-ils eu, eux aussi, la mesure de bonheur qui conduit aux revers, ceux dont l'impressionnabilité ressent la vie dans ses plus nobles sensations.

Les catastrophes sont fréquemment la résultante fatale des circonstances, très souvent dues à l'inéluctabilité des fautes personnelles, la roche tarpéienne des hauteurs de la vie !

Le bonheur n'est-il donc qu'un vain mot ? s'il est une réalité, où est-il ? la foi est seule capable de nous le dire ; écoutons sa voix. Pour ma part, j'ai cru longtemps que le bonheur était celui que l'on sait se créer ; et pourtant force m'a été, en face de mon sort présent, de reconnaître que ce n'est là qu'un mirage, d'une éphémère durée.

Au total, la somme de bonheur la plus grande ne saurait compenser le lot de misères et de décevances que l'humanité, chez toutes les races sans exception, a en partage. Croyez-vous l'hindou heureux sous le joug de l'Etranger ? ne pensez-vous pas que cette race, subjuguée et définitivement vaincue, ne ressente point la honte de son asservissement, l'anéantissement de ses espérances ?

Voyez le peau-rouge qui se meurt de cette mort lente et sûre de spleen, qu'inflige à sa race, façonnée pour les grands horizons de la vie, le conquérant envahisseur.

Le nègre qui ploie sous le faix d'une

despotique et cruelle féodalité barbare, est-il mieux partagé ?

Et les races qui peuplent le Pacifique, aujourd'hui contaminées par le contage des vices que ces primitifs empruntent à la civilisation, portent-elles en réalité le bonheur que leur prête un examen superficiel de leur état d'âme ?

Si le Créateur a voulu qu'ainsi soit le sort de l'humanité, c'est qu'apparemment ses desseins en sont la principale raison.

APPENDICE

ŒUVRE DE L'ASSOMPTION

Une Première Communion

Il y a bien des années que je ne me suis trouvé à L., le jour de la fête de l'Ascension. A cette date, nous étions à M., notre étape habituelle de repos entre N. et L.

L'anniversaire de cette grande solennité m'a retrouvé, la première année de mon deuil, à L... Ce jour, la tristesse de mon âme était accablante, j'avais le cœur gonflé d'amers regrets ; je revoyais ce passé si vite écoulé, je songeais à ces fêtes religieuses dont nous partagions ma femme et moi le charme intime, comme en une communion de pensées et d'impressions.

- Une inspiration me vint d'elle : Assister chez les sœurs de l'Œuvre de l'Assomption à la bénédiction solennelle du Saint-Sacrement.

C'était jour de triomphe à la Communauté. Un homme de 32 ans, au type alsacien, avait

le matin même, fait sa première communion. Le soir, à l'heure de la Bénédiction,
je l'ai entendu prononcer ses vœux de renon-
cement d'une voix ferme, sûre de la volonté
dont elle était l'interprète.

A cette occasion, l'Aumônier fit une allocution où il démontra par une lumineuse
dialectique, les avantages absolus du bien
sur le mal, de la morale religieuse sur le
matérialisme. Il stigmatisa les lâchetés de la
fausse honte, en des termes propres à affer-
mir les cœurs les plus pusillanimes.

J'ai reconnu, après avoir entendu la
parole communicative de ce saint prêtre,
que pour être éloquent il n'est pas nécessaire d'être grand orateur, l'éloquence étant
en somme, le courant qui transmet une
conviction et la fixe.

Les assistants, rajeunis de la vie nouvelle
que leur a apprise l'Evangile, étaient édi-
fiants de recueillement et de ferveur.

A l'issue de l'office, s'adressant au néo-
phyte, la Supérieure lui dit : « Dans quelques
jours, nous allons vous marier, vous serez
alors un homme complètement régénéré

pour la famille ; mais le bonheur qui va régner dans votre intérieur vous fera peut-être oublier le chemin de l'Œuvre de l'Assomption.

— Madame la Supérieure, répondit sans hésitation le nouvel élu, on me couperait les deux jambes, que je m'y ferais porter pour vous voir.

D'une affabilité sans façon avec les airs de châtelaine que lui donne la distinction aristocratique de sa personne, la Supérieure de ce monastère est bien la souveraine d'un peuple reconquis à Dieu. Je la saluai et la remerciai pour le soulagement intérieur que j'emportai de cet après-dîner passé dans ce petit milieu familial.

En m'éloignant de ce pittoresque petit manoir enveloppé de verdure, je songeai mélancoliquement à la somme de satisfactions morales, à l'immortalité du bonheur qu'il abrite !

Le suggestif sermon de l'aumônier de l'œuvre de l'Assomption, à l'occasion de la première communion d'un adulte ramené au bien par la puissante et irrésistible influence des bienfaits matériels et moraux de la charité chrétienne, en la personne des Sœurs de cette œuvre, m'a remis en mémoire, à mon grand remords, une circonstance où je me suis dérobé tant par indifférence que par lâcheté, à la démonstration respectueuse qui est due aux choses saintes.

J'étais assis auprès de ma femme, sur le banc d'un square, quand vint à passer un prêtre, précédé de la croix des morts. Je restai couvert sur le passage de ces emblêmes sacrés de deuil.

Ma femme ne parut pas voir cette sacrilège irrévérence. Elle se borna, après avoir fait le signe de la croix, à faire, les larmes aux yeux, le simulacre sur mon front, de cet emblême réparateur.

De ces lâchetés, je n'en commettrai plus jamais, ô amie !

Vous qui asservissez le monde par le charme menteur, perfide et mortel des passions, ô faiblesses humaines ! Trop souvent j'ai subi la tyrannie de vos dépravantes suggestions, de vos décevants caprices ; trop souvent vous avez désarmé pièce à pièce la virilité de mes résolutions, la sincérité de mes efforts ! pour que je n'aie la honte de ma faiblesse, la haine de votre oppressive puissance !

Pèlerinage annuel

Chaque année les familles christianisées par l'œuvre rédemptrice des sœurs de l'Assomption, se réunissent en un pèlerinage de reconnaissance, à Notre-Dame de Fourvière.

La sanctification de cette mémorable journée. se fait habituellement dans la crypte, sous la bienveillante direction de l'aumônier de l'œuvre.

Douze cents personnes environ, composent actuellement l'intéressante population dont les sublimités de la charité chrétienne ont fait des unités morales dignes de ce nom.

Tous avaient répondu à cet appel du père céleste à ses enfants revenus de loin.

C'était plaisir à voir ces femmes, ces maris, ces enfants, tous proprement, j'allais dire élégamment vêtus, respirant l'entrain, la gaîté d'une atmosphère nouvelle, faite d'éléments vivifiants pour le corps comme pour l'âme.

Comme tout ce monde, heureux de vivre sous le soleil réchauffant de la morale chrétienne, entourait ces bonnes sœurs et leur prodiguait les démonstrations de sa respectueuse et familière affection. La sœur adjointe, intellectuelle et active, au visage empreint de jovialité, avait tout particulièrement leurs faveurs ; on se la signalait de groupe en groupe, d'aussi loin qu'elle était aperçue et saluée, d'aussi loin qu'elle pouvait les voir venir.

C'est que la sœur E... est, après la Supérieure, la principale ouvrière de cette ruche où se distille le miel nutritif de la charité, le miel qui rend la santé à l'âme viciée, la vie spirituelle au corps que consume le vice.

Qu'elle est solennelle et imposante cette touchante cérémonie dont l'idéal est d'attirer la bénédiction de la Reine du Ciel, de la Mère des pauvres sur la nouvelle famille que ses fidèles et dévouées servantes de l'OEuvre de l'Assomption, lui ont amenée ;

enfants prodigues, ainsi que l'a dit le digne
prédicateur en cette solennelle circonstance,
que la Mère accueille les bras ouverts, le
cœur épanoui de tendresse et de pardon !

Le temple de la Vierge protectrice de la
France a retenti, ce jour-là, de l'éclat, de la
ferveur des cantiques chantés en chœur par
toute l'assemblée, à la gloire éternelle de
sa divine majesté. Notes d'allégresse dont
l'accent chantait la reconnaissance !

Après avoir été témoin de cet impressionnant spectacle où la charité chrétienne est
l'héroïne, j'ai compris, en face d'un si éloquent résultat, que les seuls éloges dignes
d'un si beau triomphe sont ceux que Dieu
seul a le pouvoir de faire descendre du Ciel
dans les cœurs de ces femmes sublimes,
connues sous le nom de petites sœurs de
l'Assomption.

J'ai interrogé quelques-uns de ces êtres,
relevés dans leur dignité par la miraculeuse
influence de l'Œuvre de l'Assomption, et
j'ai pu me convaincre que tous sont heureux
de la transformation qui s'est opérée dans
leur destinée, fiers surtout de sentir la con-

sidération remplacer vis-à-vis d'eux, le mépris qui s'attache aux parias de la société. Ils se savent classés maintenant.

La religion du mariage

A l'occasion de la réunion mensuelle des pères de famille de l'Œuvre de l'Assomption, M. B... a fait une conférence aussi intéressante qu'instructive sur le divorce.

Ce sujet vital a été traité magistralement par le conférencier, les points de morale sociale et religieuse de la question ayant été mis en lumière avec un talent de dialectique et de style, à la hauteur du sujet.

J'ai cependant à y ajouter une pensée, élevée par mon état d'âme à la hauteur d'une conviction, c'est que l'indissolubilité du mariage survit à la mort d'un des conjoints.

Cette thèse, d'ailleurs, se pourrait défendre théologiquement avec ce simple argument : le sacrement de mariage étant un acte d'ordre spirituel, le lien qui en résulte est immortel comme son essence même.

Ecoutez plutôt cette jeune femme que j'ai

connue à B..., veuve d'un vaillant marin tué dans une expédition du haut Sénégal, au F... Dj...

Affinée par une culture intellectuelle supérieure, belle et fortunée, cette femme qui avait tout pour être recherchée et enviée, fut demandée en mariage par un grand seigneur de sa province. Se parant sans pose de son deuil de matrone romaine, elle répondit simplement : « Je n'ai pas cessé d'être mariée, parce que mon mari m'a précédée dans la tombe. »

Les conférences à l'Assomption

Le conférencier qui sait le mieux se mettre à la portée d'un auditoire peu éclairé, est certainement un homme de mérite, un orateur habile.

Que faut-il à des hommes dont l'esprit a été vicié par de délétères lectures, dont le jugement a été faussé par de subversifs discours. Il faut à ces intelligences diffuses, le flambeau éclairant de cette grande lumière qui s'appelle la vérité.

Leur apprendre beaucoup en captivant leur attention par des citations suggestives, par des saillies heureuses, ces points d'orgue de la conversation française.

Il faut leur enseigner ce qu'ils sont dans l'ordre social et ce qu'ils y ont charge de faire dans leurs moyens ; en un mot les éclairer sûrement. A ce point de vue, M. de R... de l'Association de l'Œuvre, est un maître qui a le don d'apprendre en dilatant la bonne humeur et l'esprit. *Discet ridendo*.

Principes de persévérance

Parmi les ménages que j'ai eu à visiter, appartenant à l'œuvre bienfaisante de l'Assomption, il m'a été donné de constater, chez la plupart, une sincérité de retour au bien qui ne laisse aucune arrière-pensée de doute. Je n'ai pu me défendre cependant, de soupçonner chez quelques-uns la fragilité de leur maintien dans la voie normale, instabilité bien concevable dans ces milieux sans cesse exposés aux contages ambiants.

J'ai jugé en conséquence, qu'il est bon,

qu'il est utile de ne pas marchander à ces réhabilités, les vérités et les conseils.

Il faut insister tout d'abord sur la tenue de la maison au point de vue de l'ordre et de la propreté, lesquels sont presque toujours le reflet d'une conduite régulière. Au point de vue de l'hygiène, ces qualités sont indispensables, surtout dans les logis le plus souvent mal éclairés, insuffisamment aérés, que fait aux malheureux, leur refoulement vers les quartiers décentralisés ou en voie de création.

L'hygiène physique entretient les forces vives des classes laborieuses et les retient sous le toit familial. La santé du corps porte dans bien des cas aux soins de l'intelligence et prédispose à la moralité.

Une famille, en effet, qui jouit de ces conditions, satisfaite de son intérieur, songe plus volontiers à remplir les vides que lui accorde le travail, soit par de saines lectures, soit par un emploi consacré à l'amélioration de l'aménagement.

Par cette attraction du foyer, le mari divorce avec ses habitudes d'estaminet, finit à la longue par ne point quitter les siens, même quand les délassements de la promenade invitent à sortir, la femme et les enfants.

C'est à la femme qu'il appartient d'assurer cette transformation par son influence morale sur la maisonnée. Elle est le bon ou le mauvais Génie du foyer. Son action est néfaste lorsqu'elle ne possède pas la dot de morale chrétienne, autrement précieuse que celle que confère l'argent.

Par sa résignation aux vicissitudes de la vie, elle est capable de vaincre jusque dans ses endurcissements la résistance des habitudes de son mari, lorsque celles-ci sont préjudiciables aux intérêts communs. Son énergique persévérance impose la droiture de ses actes, l'influence communicative de ses exemples.

J'ai connu dans ma jeunesse une sainte femme dont le mari était l'opposé par ses défauts, de ce caractère remarquablement trempé. Cependant, le Génie bienfaisant de cette mère selon Dieu, a triomphé victorieusement de toutes les difficultés, de toutes les misères qui semblent assaillir les favoris de Dieu.

Tous ses enfants, — et ils étaient au nombre de sept, — se sont si bien tirés d'affaire, que tous sont parvenus soit à la fortune, soit à une fort enviable aisance. A elle **seule,** cette femme bénie de Dieu, pour ses vertus, a mené à bien sa lignée, aujourd'hui hors de pair dans tous les échelons de sa descendance. Elle est morte bénie de ses enfants, vénérée de ses petits-enfants, récompensée dans le ciel, de ses peines d'ici-bas, par Dieu.

Les mères ne doivent jamais perdre de vue que la santé intellectuelle et morale de l'enfant est une force de réserve, une espérance pour l'avenir.

Les filles devront être façonnées pour le dévoûment, dans ce qu'il a de plus élevé pour la famille, en vue du relèvement des générations décadentes, car le rôle naturel de la femme, le lot que le créateur lui a attribué est le rôle d'épouse et de mère ; le devoir que lui a enseigné la religion chrétienne est d'être une épouse fidèle, une mère éclairée et dévouée.

Tout autre doit être l'éducation des garçons ; il faut en faire des hommes pour le travail, il faut leur inculquer la virilité pour la Patrie.

Telle, inspirée de la superbe légende de la Mère des Gracques, la baronne de la N..., répétait avec un accent de douloureuse fierté : mes trois fils ont été tués en 1870 ; je les avais éduqués pour la Patrie, je les ai donnés à la France.

Et cette humble Bretonne, qu'un coup timidement, honteusement frappé à sa porte, une nuit, réveilla par un choc de mauvais rêve. — Qui est là ? — Votre fils, ma mère. — Ah ! mon fils ! non, tu n'es pas mon fils. Il est à la frontière qui se bat pour la Patrie. C'était en l'année terrible.

Ainsi que je l'exprimais à une jeune mère, d'origine alsacienne, le soldat qui possède la foi ne redoute point la mort ; sans la foi, quelles que soient les qualités du commandement et de l'armement, c'est au premier échec, la panique et la déroute, c'est l'inva-

sion, comme conséquence finale. Le désespoir recherche la mort, mais la mort sans
le fruit du courage. Quelle que soit leur religion, les peuples qui possèdent la croyance
de la survivance de l'âme, la foi en une
récompense dans l'autre vie du sacrifice et
du devoir accompli ici-bas, ne redoutent pas
la mort.

Le sentiment du devoir ne saurait trouver
sa formule dans les arguments d'une disser-
tation philosophique ; elle se résume dans
ce mot : la foi.

Pourquoi les Basques et les Bretons sont-
ils d'admirables soldats, de solides marins ?
Pourquoi les Irlandais ont-ils survécu à trois
siècles d'oppression ? C'est parce que Celtes
et Ibères ont apporté, dans les croyances du
christianisme, la foi, précieuse incrustation
de leurs origines asiatiques.

L'amiral Pothuau aurait pu le dire ; il l'a
prouvé : la foi ne suscite pas seulement le
courage ; elle rend impavide.

Lorsque son âme a été imprégnée par l'éducation maternelle, des germes de la morale
chrétienne, la jeune fille peut aspirer aux

exquisités qui donnent à la femme ce prestige surnaturel qui n'appartient qu'à elle.

Le père de famille a le devoir d'achever
l'éducation des garçons. La mère les a fa-
çonnés de sa tendresse éclairée, en adoucis-
sant leurs arêtes vives, en dirigeant leurs
impulsions ; le père les trempe pour la vie
de relations en développant en eux le sens
moral, en diffusant dans leur intelligence
cette luminosité qui éclaire la pensée et fixe
le jugement et qui s'appelle l'intellectualité.

Le garçon doit être, de bonne heure,
émancipé pour l'indépendance à laquelle a
droit la conscience.

L'indépendance morale est une des plus
hautes expressions de la dignité humaine.
Sans cet esprit d'indépendance, les races ne
sont plus qu'un vil troupeau.

La femme doit se présenter dans le monde,
avec cette parure d'une âme rayonnante de
mansuétude, qui excite à l'admiration, avec
ce parfum de vertu qui impose la vénération.

L'homme doit entrer dans la vie, marqué
au front de ce signe de dignité réelle, qui le
rend respectable.

Lorsque chez les parents, le sentiment du devoir est doublé de la volonté de faire de leurs enfants de bons sujets, il est essentiel qu'ils en soient obéis et respectés. Or, la condition indispensable pour atteindre ce but, est une dignité réelle des pères et mères entre eux et vis-à-vis de leurs enfants.

J'ai fréquemment entendu ma femme, laquelle possédait en plus de cette qualité maîtresse, l'exquise douceur qui charme les enfants, émettre cet aphorisme, absolument vrai, de l'éducation première.

Les Joyaux à Dieu

J'ai connu personnellement une jeune femme, élevée saintement, débordante de mansuétude envers son prochain et d'une excessive charité envers les pauvres.

Son mariage fut un jour de fête non seulement pour elle et les siens, mais aussi pour les indigents de la ville qu'elle habitait. Sa corbeille de noces fut richement dotée, composée en majeure partie de joyaux de grand

prix. Sa valeur vénale avait l'équivalence
d'une petite fortune, son estimation intrin-
sèque était digne de l'exquise distinction de
la mariée.

Sans en avoir fait la confidence à ses plus
intimes, elle alla trouver les fournisseurs de
sa corbeille, les pria d'en reprendre les parures au prix de vente, ce qu'ils acceptèrent,
flattés de participer à l'œuvre de bien qu'elle
avait conçue.

La rançon des pauvres permit de soulager
bien des misères et pour longtemps, car elle
ne fut répartie qu'au fur et à mesure des
indigences à racheter.

Cette femme aimée et bénie, dont la rayonnante distinction captivait, était la simplicité même dans sa mise habituelle aussi bien
que dans ses attitudes dans le monde élevé
auquel, par sa fortune et par sa naissance,
elle appartenait. Il est vrai de dire qu'elle
pouvait se passer des oripeaux des parvenus mondains, celle qui avait pour parure
naturelle, la majesté aristocratique de sa
race et l'éclat de ses hautes qualités.....

Je t'ai parlé quelquefois de cette femme idéale en me plaisant à te comparer à elle, ma chère amie, parallèle que ta modestie et l'ignorance de ta propre valeur, récusaient avec une spontanéité qui m'arrêtait court.

Regarde cet ostensoir étincelant d'or, constellé de pierreries ; ce trône sacré, d'où descend la bénédiction de l'Esprit saint, est exposé sur l'autel que la charité chrétienne a érigé à la Pauvreté.

Écoute les voix intérieures de ces déshérités revenus à Dieu, te bénir du fond de leurs cœurs, car ce présent à leur chapelle, cette offrande à leur Dieu, est ton œuvre.

RÉCITS ANECDOTIQUES

N'Bôma

A quelques milles en aval de la dernière chute du Congo, on rencontre sur la rive droite un village nègre populeux ; c'est N'Bôma.

A partir de Porta d'Aleña, le fleuve est encore navigable aux petites coques à qui sont connues les passes inconstantes et incertaines du chenal, ce qui cause de fréquents échouages aux navires, insuffisamment lèges de cargaison, dont les factoreries de l'embouchure (pointe Banana) prenaient à charge le remisage du surcroît.

Où finit la zone des palétuviers, s'étale sur les deux rives, sur la gauche de préférence, la moins habitée du reste, une prodigalité de végétation qui tient de la féerie par le pittoresque merveilleux des groupements d'espèces, par les tons de lumière qui s'y assemblent, avec des échappées à l'infini, à travers les clairières découpées dans les

grands bois par la trace capricieuse des eaux
limpides, colligées en bassins pour l'abreu-
vement des antilopes, les hôtes favoris de
ces sous-bois silencieux et solitaires.

Après une escale de trois jours à Porta
d'Aleña, tranquille repaire de négriers, où les
baracons de traite, à l'époque, ne se comptaient pas, nous remontâmes sans trop de
mal jusqu'à N'Bôma, village tributaire du roi
nègre, Fernando, à qui revenaient les droits
prélevés sur la navigation du fleuve. Le chef
de ce village se nommait Mambouc, un fort
beau nègre de 30 ans, généreux d'aménités
pour les étrangers qui payaient grassement
les coutumes, c'est-à-dire les contributions.

Nous fûmes accueillis dans sa case avec
les honneurs en usage envers une nation
officiellement représentée et, force nous fut,
comme en mainte autre circonstance, de
boire à la santé du chef, à la prospérité de
la France, de cet affreux vin de palme dont
se délectent les dégustateurs du crû.

Nous prenions nos dispositions pour re-
descendre au mouillage des Mosquitos avant
de rallier notre station habituelle dans les

eaux de Banana, quand nous reçûmes de Mambouc, une invitation pressante à une cérémonie funèbre.

Il était alors dans les mœurs de ces peuplades qu'un nègre fût condamné à être enterré vivant pour avoir manqué de respect à une femme de chef. Le condamné tournant le dos à la fosse, au fond de laquelle le précipitait, sur un signal du chef, une poussée brutale inattendue, faisait face à la femme en cause, nonchalamment accroupie pour ce funèbre spectacle comme s'il y eût eu matière à se pâmer d'aise, en face d'un si cruel supplice.

Ce jour-là nous réservait une exécution de cette cruauté froide, inhérente à la race noire.

La mise en scène commandée pour la circonstance allait avoir son dénoûment, quand une esclave de la chefferie, demanda à parler à la femme offensée, ce qui lui fut consenti sans trop de palabres.

Tu dois te souvenir, lui clama-t-elle, que fille de chef, je fus, encore enfant, vendue sur la côte. Lorsque Mambouc me fit rechercher pour s'assurer de mon origine et me donner dans son gynécée, le rang qui m'y revenait, tes astucieuses manœuvres réussirent à m'écarter en convainquant notre chef confiant que tu étais celle qu'il convoitait. Je suis restée esclave, moi fille d'un chef redouté au loin et toi, esclave née, tu as usurpé mes droits de naissance.

L'occasion s'est enfin offerte à moi de te stigmatiser en te dressant le piège qui t'a fait perdre le prestige de ton rang.

Je suis vengée ; maintenant il me reste un devoir à accomplir, une justice à réclamer, c'est de prendre la place du condamné. Avec l'assouvissement de ma haine, je puis mourir sans regret !

L'aumônier de la frégate-amiral avait obtenu passage sur notre aviso de rivière, l'*Arabe*, stationnaire de la subdivision navale du Congo, en 186., dans le but d'étudier les sites et les races riveraines du fleuve. Il s'était promis, non sans douter de l'efficacité de son intervention, d'obtenir la grâce du condamné.

Lorsqu'il fut mis au courant de la scène

qui venait de se dérouler, il ne douta plus du succès de son entreprise. Voici comment il s'y prit. S'adressant à Mambouc, par l'entremise du linguistère attitré de la chefferie :

— Chef, lui dit-il, tu as en face de toi, deux coupables : un nègre, victime d'une abominable trame, la négresse, Essemba, à laquelle il te sera défendu, si elle est reconnue fille d'un Chef allié de ta tribu, d'infliger un supplice. Accorde sa grâce au condamné ; rends à la liberté, la malheureuse Essemba.

Le mauvais Fétiche, dont tu redoutes les représailles, te tiendra compte de cet acte de magnanimité. Permets que j'emmène, pour la présenter au Grand-Chef amiral, la négresse Essemba.

— Puisque tu es le ministre du grand Fétiche, lui répondit Mambouc, je ne saurais te refuser la faveur que tu désires, sans encourir la colère de notre mauvais Fétiche.

Cependant, j'y mets une condition ; c'est que le Grand-Chef amiral m'enverra l'assurance que le roi de Cabenda, qu'il est question d'élire en vue d'appuyer l'autorité chancelante des chefs soumis à sa juridic-

tion, sera reconnu par le roi tout puissant
des Français.

Dans le cours de la descente du fleuve, le
commandant de l'*Arabe*, pria l'aumônier de
l'initier à ce qu'il avait l'intention de faire
de la négresse Essemba. « Mon programme
est tout tracé. Une fois présentée à bord de
la frégate, Essemba sera confiée aux soins
des religieuses du couvent du Gabon, jusqu'à notre départ de la station. A Nantes, il
existe un pensionnat congréganiste de jeunes filles de couleur ; Essemba y sera placée
comme pensionnaire jusqu'à ce qu'une culture suffisante ait remplacé l'instinctivité de
sa race. Ce résultat atteint, on la ramènera
au Congo, parée du prestige que son séjour
au pays des blancs, lui aura acquis.

« Il restera à la Marine, le devoir de veiller
à ce que cette nouvelle somme d'influence
profite à la France, pour l'avenir. »

Un disciplinaire

La ville de Dakar, dont le mouillage a remplacé celui moins sûr de Gorée, a été en majeure partie construite par les disciplinaires de la marine, condamnés à travailler, privés de la sieste des Pays chauds, aux mêmes heures que les indigènes, à la même journée de travail que ceux-ci.

Il est vrai que les convois de transport se suivaient de près pour ces ravitaillements humains, constamment entamés par les torridités du climat.

L'Isis, une des dernières frégates de notre marine à voile, avait fort à faire à ce service de transportation, quoique les qualités supérieures de sa marche en fissent, à l'époque, la meilleure voilière de notre flotte.

Dans le cours des travaux de construction, fréquemment dérangés par les intempéries d'hivernage, un garde du génie, de service ce jour-là à la surveillance générale du chantier, s'approcha d'un groupe d'ouvriers fort embarrassés, paraît-il, à dégager

un madrier de grande dimension et de poids
peu maniable. Au moment où l'officier faisait écarter les moins utiles de l'escouade,
afin de se rendre plus exactement compte de
la difficulté à résoudre, la lourde pièce de
bois, en pivotant sur l'assise où elle était
couchée, menaça celui-ci d'un choc mortel.

Un ouvrier disciplinaire avait d'un coup
d'œil reconnu le danger ; prompt comme
l'éclair, il se précipite vers l'extrémité me-
naçante du madrier, repousse vigoureusement l'officier en péril, se jette à plat ventre
sur le sol, s'aplatissant de toute la dépression de ses muscles pour éviter l'imminence
d'un écrasement.

Mais dans sa course circulaire, mal équi-
libré, le madrier s'inclinant par une fausse
manœuvre sur son plan horizontal, le malheureux disciplinaire fut saisi, traîné, dé-
chiré par ce labourement sur le sol empierré
du chantier.

Quand la poutre put être maîtrisée dans
sa vitesse, enrayée dans son mouvement, le
blessé ne donnait plus signe de vie.

Son transport à l'hôpital de Gorée ne fut

pas sans lenteur, en dépit de la diligence employée par l'officier qui devait la vie au dévoûment de son subordonné.

Le chirurgien de service n'en désespéra pas à première vue ; une issue favorable confirma ce pronostic.

Lorsque l'hôpital rendit à son chantier ce disciplinaire, un ordre du jour du commandant de Gorée, que l'officier sauvé avait réclamé l'honneur de lire lui-même devant le bataillon de discipline, rendait officiellement hommage au dévoûment courageux du n° 163, médaillé et libéré à dater de ce jour et redevenu digne de son nom patronymique.

La pauvre Coolie

Fatelemé était venue à Cayenne comme coolie. Sa beauté, un type qu'on ne retrouve que chez les descendants des races hiératiques de l'Hindoustan, faisait rêver de ce passé fini, rappelait par la pureté de ses lignes et par la séraphique expression du regard, les vierges de Murillo. D'ailleurs,

Fatelemé toute jeune avait appris de sa
mère, que ses ancêtres comptaient des Ra-
jahs.

Quelle déchéance, doublée de l'indignité
de son mari, que l'enfer des Iles du Salut
lui avait pris. Son jeune fils, qu'elle chéris-
sait doublement depuis la catastrophe où
s'était englouti le bonheur de sa vie, possédait une intelligence remarquable, précoce
comme ces fleurs printanières « qui vivent
l'espace d'un matin », a dit le poète.

Il eût peut-être été dans son pays, pensait
Fatelemé, une énergie intellectuelle de relèvement pour cet Hindoustan captif, réduit au
servage, un for.... comme son.... Mais non,
la fatalité qui pèse sur cette race d'antique
splendeur, d'historique prospérité, aujour-
d'hui déchue, sera inflexible ; Bouddha n'est
pas le Dieu puissant et éternel qui peut
assurer à ses peuples l'immortalité de la
civilisation dans le bien.

Elle avait pressenti cette vérité dès le jour
où son âme fut comme transfigurée par l'accent persuasif de la parole du P. G..., ce
grand convertisseur de la mission des Maris-

tes, que la jeune hindoue avait eu la curiosité d'aller un soir entendre dans la chapelle de la Vierge, où converties et néophytes se réunissaient une fois la semaine aux conférences de leur pasteur préféré. La pauvre coolie se promit de se donner à la religion chrétienne, de lui donner son fils.

D'ailleurs, il faudrait bientôt peut-être compter avec les difficultés de l'existence ; l'eau potable qu'elle allait chaque matin, vendre de case en case, viendrait trouver toute seule les habitants de Cayenne, du mont Rorota, d'où l'amiral-gouverneur, M. T... de M..., pensait l'amener *.

Le Dieu des chrétiens lui viendrait en aide dans sa détresse, l'inspirerait dans ses moyens, pour ses besoins médiats, pour l'avenir de son fils.

L'immigrante oublia le Dieu de ses ancêtres avec la conviction que les merveilles naturelles de son pays étaient l'ouvrage du créateur universel, révélé par N. S. Fatelemé

* C'est sous le gouvernement du général H... qu'a été réalisé le projet d'adduction des eaux du mont Rorota à Cayenne.

partagea avec son fils, le baptême ; elle, sous le patronage de Ste Anne, l'enfant, sous celui de St Joseph.

Quelques jours plus tard, elle reçut la communion avec la candeur de son âme restée pure par une atavique sélection au milieu de ce troupeau de parias qu'est la colonie d'immigration hindoue dans nos possessions d'outre-mer.

Lorsque viendra pour toi, disait-elle à son jeune fils, l'heure de la rédemption définitive, j'aurai accompli ma tâche en ce monde; je pourrai, s'il plaît à Dieu de m'appeler auprès de lui, dormir sous les bambous du jardin des Morts, en t'attendant.

Ce que Fatelemé avait rêvé se réalisa ; le mal de langueur dont elle était frappée depuis le deuil moral que lui avait infligé la faute de son mari, l'emporta sur sa frêle organisation physique.

Depuis bien des années, la belle hindoue repose à l'ombre des bambous funèbres de Cayenne, où son fils l'a sans doute rejointe en y ensevelissant son chagrin.

La poésie des Bambous

Une de mes promenades favorites, lorsque mon tour de service me désignait Cayenne pour résidence, était le petit pénitencier industriel de Mont-Joli, en poussant jusqu'au Diamant, que l'amiral-gouverneur, M. T... de M..., avait choisi pour séjour d'été de la Maison du Gouvernement.

La route qui y conduisait était fort attrayante à suivre, tant au point de vue des perspectives ambiantes que des massifs plantureux de végétation qui servaient de rideaux aux pripris (prairies inondables), dont l'étendue est la réduction au millième de la grande savane.

A quelques centaines de mètres de la ville, à main droite de sa sortie, une épaisse feuillée de bambous avait le prestigieux pouvoir d'attirer mes regards, par une force impulsive d'instinct.

Sous ce fouillis de verdure j'ai découvert dans la quiétude du silence et du recueillement qu'elles y trouvent, des tombes aux formes émoussées par le temps. On dirait qu'elles s'y dissimulent pour demeurer entre elles, dans la communion de leur destination sacrée, ignorées des vivants. Suggestionné par cette attractive vision, qui m'arrêtait au passage, j'y faisais une halte de quelques instants, heureux d'emprunter à ce milieu si poétiquement symbolisé de repos, le calme qui succède à la méditation des vanités humaines.

Les pays intertropicaux sont des climats perfides par leur enivrance perpétuelle, perfides par les senteurs pénétrantes de leur flore, perfides par la troublance de leurs vertigieux énervements. Combien d'européens échappent au naufrage ! J'avoue que la pente est douce avant de sombrer et que l'existence qui s'abandonne au fil de l'eau, porte les charmes d'une séduisante monotonie, à laquelle on se garderait de rien changer. Mais quand on descend au fond des mystérieuses destinées de la vie, force est de reconnaître l'inanité de tout ce qui s'y rattache, puisque c'est la mort qui en a le plus beau lot, la plus large part, l'éternelle possession.

Les tombes qui gisent sous les bambous du champ des Morts, ne sont-elles pas l'expression lapidaire de cette réalité et l'image reposante d'un monde d'où s'exhalent les plus pures suggestions de l'âme.

Dans la plupart des Pays chauds que j'ai traversés, les cimetières portent cette empreinte de poésie qui fait aimer la mort, comme le linceul des misères et des chagrins de la vie. On n'y rencontre point de ces monuments où l'art étale les conceptions de ses lignes architecturales. Ce ne sont plus ces froides pierres qui écrasent un cercueil aimé, de leur massivité ; ce sont des jardins, des parterres, des bocages, dont la nature, en ces féeriques contrées, fait généreusement les frais. Il semble que doivent s'échanger d'âme à âme des envolées d'amour, des soupirs de regrets, des aspirations d'éternelle union, dans la mystérieuse demi-lumière de leurs perpétuels ombrages.

Le souvenir de ces impressions, réveillé par le cours suggestif de la pensée, a l'intensité de la nostalgie, cette hantise de revivre ce qu'on a connu et aimé.

Heureux, le mortel à qui est destinée la consolante perspective d'aller dormir son dernier sommeil sous les bambous où l'attend un être aimé !

Le Peau-Rouge du Maroni

Un matin de N... 186., une commune de la Provence rhôdanienne apprenait qu'un crime avait ensanglanté la demeure d'un de ses habitants. Dans la nuit, y avait été assassiné un cultivateur estimé. Qui était l'assassin ? La femme de la victime le savait sans doute ; elle avait été l'âme damnée de la trame du crime ; c'est elle qui avait guidé les pas du meurtrier ; c'est elle qui avait dirigé sa main.

Arrêtée et condamnée, à la suite de l'aveu de son abominable forfait, à finir ses jours dans une Maison centrale de détention, elle fut dirigée sur le pénitencier de M...

La beauté méridionale de sa personne, la douceur apparente de son regard n'étaient que le décor d'une âme vulgaire, la parure factice d'un cœur de courtisane. Les maisons de détention sont peuplées de ces dangereuses créatures, l'extrême opposé de la femme élevée chrétiennement.

Trois années avaient passé sur ce dramatique évènement ; la prisonnière n'avait rien désarmé de ses néfastes passions ; indisciplinée jusqu'à la témérité, elle était pour ses codétenues, un sujet d'incitement à la révolte, une cause constante de troubles pour la sécurité de l'établissement. C'est que cette nature perverse, puissamment charpentée pour le mal, ne pouvait s'acclimater des rigueurs du châtiment ; que ce caractère entier ne pouvait être mâté par un tel régime. On lui proposa son transfèrement à la Guyane ; contrée lointaine où l'espace ne connaît pas de bornes, où les luxuriances de la nature ambiante ne connaissent pas de repos. A ces séduisantes descriptions, ses rêves d'émancipation dans les échappées d'une demi-liberté entrevue, venaient s'ajouter. Elle partit soulagée dans son propre écrasement ; lorsqu'elle arriva au Maroni, une salutaire détente avait

en partie brisé les irascibilités de cet indomp-
table tempérament ; mais les religieuses du
pénitencier durent veiller afin d'en prévenir
les retours, sur cette inquiétante transportée,
avec une attention toute particulière.

La quasi liberté entrevue et atteinte, ne
suffisait plus aux débordantes exhubérations
de cette indomptée, prisonnière de son crime,
brûlée de remords.

S'échappant un matin de la Communauté
pénitencière, la malheureuse courut droit au
warf, d'où elle se précipita dans le fleuve.
Un Peau-Rouge traversait à cette heure le
Maroni, de la rive hollandaise à Saint-Lau-
rent, le plus important de nos pénitenciers
de ce district. Pagayer avec force *pallouë*
d'excitation à ses efforts, plonger dans le
gouffre, infesté de caïmans, courir entre deux
eaux à la manière des Papous d'Australie qui
peuvent supporter plusieurs minutes de nage
sous la poussée des plus dangereux remous,
ne furent qu'un éclair.

La pauvre désespérée, évanouie dans une
syncope d'asphyxie, fut aussitôt étendue par
le Peau-Rouge dans sa pirogue, qu'il poussa

jusqu'au warf en nageant vigoureusement des pieds.

Ramenée non sans difficultés à la vie, par le médecin de garde de la station pénitencière, cette insubordonnée de la vie fut réintégrée dans sa détention, entourée de soins empressés pour la sauver.

Lorsqu'elle fut remise de sa tragique tentative, ses énergies pour le mal se trouvèrent brisées. En face de la généreuse longanimité des religieuses, en face du dévoûment spontané de ce demi-sauvage, son cœur s'assouplit aux sentiments de reconnaissance. Le devoir instinctif de l'un, éducatif des autres, s'était chargé de cette métamorphose.

De ce jour, la coupable redevint la belle provençale d'autrefois ; elle devint par ses attentions et son bon vouloir, un des bras droits du couvent ; par la persévérance de son édifiante conversion, une servante fidèle de Dieu.

Le Peau-Rouge, lui, fut attaché au service de l'établissement en qualité d'homme de peine et d'estafette, en raison de l'agilité pour la marche, propre à sa race.

Il dit adieu, non sans regrets, à la haute
forêt, à ses chasses sur ses lisières, à ses
pêches à la clarté des feux d'ajoupas, pour se
consacrer aux devoirs que lui avait enseignés
sa nouvelle religion, celle des blancs et aussi,
faut-il le dire, pour se donner le droit et le
pouvoir de contempler à ses heures, la beauté
régénérée de sa Ressuscitée, ainsi qu'il l'avait
baptisée.

Un Scapulaire

Dans le service des Eléphantiasiques d'une
léproserie coloniale, que je ne veux point
désigner, venait d'entrer une vieille négresse,
la quelle paraissait, en dépit de son infirmité
et de son grand âge, relativement jeune
encore.

Esprit fort, autant qu'instruit, le médecin
en examinant l'incurable, remarqua sur la
poitrine découverte de la malade, un scapulaire de la Mission catholique.

— Que signifie ma Sœur, je vous prie, ce
morceau d'étoffe, une amulette sans doute

contre la lèpre et qu'une naïve superstition a mise sur la poitrine de cette femme.

N'auriez-vous pu préserver ma vue de ce superstitieux hochet? D'ailleurs, cet objet, quelle que soit sa vertu, n'est point un sachet de propreté et, je vous prie de vouloir bien le faire disparaître.

— M. le docteur, répondit avec douceur, la religieuse de service ; c'est la première fois que semblable observation m'est adressée ; je suis ici votre très humble subordonnée ; à ce titre, M. le Docteur, la manifestation de votre désir est un ordre pour moi.

Si vous voulez bien me le permettre, je vais en deux mots vous faire l'historique de la malade.

Cette vieille femme, dont je sens couler les larmes, qu'elle essuie autant qu'elle les cache de ses mains, se nomme Prudence ; elle a été fort connue dans la colonie, qui honorait en elle divers actes de dévoûment couronnés du prix Monthyon. Dans la force de l'âge, à l'époque de l'émancipation de l'esclavage, cette négresse a sauvé de la misère par son travail acharné, une nombreuse famille créole ; elle a été une des plus zélées infirmières servantes pendant la cruelle épidémie de fièvre jaune qui a fait de si regrettées victimes dans le Corps de santé de la marine, médecins et Sœurs des hôpitaux.

A quelque temps de là, le médecin de la Léproserie fut rappelé au chef-lieu, afin de prendre ses dispositions pour rentrer en Europe par le plus prochain paquebot, son temps de colonie étant depuis deux mois expiré.

A la table du gouverneur où il fut invité à son tour officiel, se trouvait ce jour-là, le Chef du service ecclésiastique, gradué récemment protonotaire apostolique par le Pape.

« Monseigneur, lui glissa en aparté le docteur, j'ai sur la conscience un poids dont il faut que vous m'allégiez ; je vous ferai la confession de mon repentir, le jour où j'aurai l'honneur de vous faire ma visite de départ. »

Ce jour venu, le prêtre entendit ces paroles : « Mon père, j'ai commis une mauvaise action doublée d'un abus d'autorité. J'ai insulté aux croyances d'une malheureuse femme, en bafouant devant toute la salle, l'emblême religieux qu'elle portait sur elle. J'ai cruellement blessé sa foi, hautement scandalisé, malades et personnel du service.

« Si vous voulez bien être mon interprète auprès de Mme la Supérieure des Sœurs de la Léproserie, je vous serai reconnaissant de vouloir bien lui exprimer à la fois, la honte et le remords que j'ai ressentis de ma vaine rodomontade envers une vieille et respectable négresse. »

Trois mois environ s'étaient écoulés depuis cet entretien, lorsque Monseigneur reçut de France, une fort belle statue de la Vierge, ayant au cou, un scapulaire fermé de velours cramoisi, au chiffre de Marie.

Cette Vierge, destinée à la chapelle de la Léproserie, devait être consacrée tout spécialement au culte du Scapulaire.

C'était l'amende honorable.

Un Bienfaiteur

M. C... avait quitté le port de Marseille, sa ville natale, pour aller se fixer à la Guyane française comme colon.

L'intelligence dont il était doué, la volonté dont il était trempé, lui assignèrent bientôt une situation en vue. Probe et laborieux, la fortune qu'il y sut acquérir fut lente à se produire, mais stable, dans sa réalisation. Une fois arrivé, son unique souci fut de se consacrer à des œuvres d'humanité ; son objectif fut de concourir à la prospérité de la colonie par l'expansion des forces pécuniaires dont il disposait. Une fois à l'œuvre, il ne s'arrêta que pour en contempler le résultat ; une petite colonie de défricheurs nègres et blancs était sortie de sa conception, sans cesse en activité de produire.

Lorsque l'un des serviteurs les plus dévoués de ses plantations se mariait, M. C... se chargeait d'établir le nouveau ménage en lui donnant pour apanage, avec la libération de son engagement, un tènement de culture, taillé dans ses vastes domaines. Il fit si bien, qu'en l'espace de quelques années, la plupart de ses vassaux devinrent leurs maîtres, constituèrent ensemble une grande famille qu'il regardait sienne et dont les membres le proclamaient leur père.

Au fur et à mesure de ce système d'émancipation, notre colon marseillais achetait de nouveaux biens qu'il faisait aussitôt mettre en valeur et ainsi de suite, jusqu'à ce que de nouvelles familles d'immigrés africains fussent nanties à leur tour.

Vers cette époque, la fièvre jaune, ce fléau du golfe du Mexique, visitait périodiquement les Guyanes. Les émissions sanguines locales par les sangsues, étaient alors un mode de traitement fort en vogue dans la période de début de cette terrible affection.

Que faisait alors M. C...? Il achetait à des prix exorbitamment surfaits, toutes les cargaisons de sangsues que les capitaines au long cours, alléchés par les chances d'une bonne aubaine, transportaient avec eux comme articles de *pacotille,* terme consacré en marine commerciale, à l'ensemble des produits de haut et de petit profit que les armateurs permettent aux capitaines marchands, de transporter avec eux à leurs risques et périls. Une fois en possession des lots de sangsues qu'il pouvait se procurer sur la rade de Cayenne, il les donnait à l'hôpital de la marine, qui en faisait, tant pour les malades du dehors que pour les siens propres, l'usage prescrit par les médecins.

Sachant se prodiguer toutes les fois qu'il s'agissait de sa personne, utilement, on le voyait au premier rang des soldats du devoir.

En dehors de ces circonstances, qui le plaçaient en vue, M. C... restait chez lui, vivant en ascète dans sa case, avec une vieille négresse pour servante et pour compagnie.

Le moment de quitter Cayenne pour retourner dans sa vieille cité, étant venu pour lui, deux de ses neveux furent appelés à le remplacer dans la colonie.

Voici la teneur de la succession qu'il leur fit de sa situation acquise : « Je laisse à mes neveux, la situation que je me suis acquise à la Guyane par mes seuls moyens.

« Avec les ressources pécuniaires qu'ils y trouveront tant en crédit qu'en argent, mes neveux feront ce que j'ai fait ; ils créeront de nouvelles cultures, celles que j'ai constituées appartenant par droit de donation et de travail, à ceux qui les ont mises en valeur de leurs mains, à mes anciens serviteurs. »

Nous avons fait ensemble sur le *Nouveau-Monde*, la traversée de retour en France, ce qui m'a procuré l'avantage de faire, pendant la traversée, plus ample connaissance avec ce philanthrope, aussi érudit que modeste.

Eugerma

En recherchant dans ma collection de bijoux primitifs, une pièce intéressante que je destinais à une salle d'archéologie, mes yeux se sont portés sur une bague dont voici la touchante odyssée.

Le Bouvet, élégant aviso de premier rang, commandé par le comte de Mp..., était mouillé dans le carénage, à Fort-de-France, achevant ses préparatifs de départ pour Terre-Neuve, dernière station de surveillance de ses fonctions volantes, avant de rentrer en France.

Une embarcation du pays, montée par deux noirs, accosta, laissant monter à bord, une jeune négresse vêtue de deuil. Un air de tristesse et de découragement était répandu sur toute sa personne, dont l'élégance créole indiquait une culture au-dessus de sa moyenne.

Elle me fit aussitôt demander, me priant de vouloir bien lui faire la grâce d'un service important.

Depuis quatre ans, un jeune homme de couleur avait quitté le pays natal, St-Pierre-Martinique, où il avait fait une partie de ses études. On n'avait pas eu de ses nouvelles depuis son départ pour l'Europe, dont les attractions lui avaient peut-être fait oublier avec le ciel des Antilles, ceux qui l'aimaient.

Son intention, ajoutait-elle, était en partant, de se perfectionner en vue de sa candidature à l'Ecole des Beaux-Arts de Paris.

Son talent naissant de paysagiste lui avait valu les suffrages de ses compatriotes, flattés de compter dans l'avenir un des leurs, au nombre des célébrités.

« Puisque vous devez bientôt revoir votre port d'attache, je vous serais reconnaissante de vous arrêter à Paris, pour donner à Georges, si vous parvenez à découvrir sa demeure, l'assurance que Eugerma ne l'a pas oublié, qu'elle attend son fiancé et n'en aura pas d'autre.

« Cachez-lui soigneusement que je porte le deuil de son absence; il est comme nous tous, enfants de ces ciels perfides dans leurs enchantements, superstitieux et défiant. D'ailleurs, ce deuil dont vous me voyez vêtue, c'est le mien; car j'ai la secrète intuition des pressentiments, que quelque malheur pèse sur moi avant d'en connaître les réalités.

« Vous lui remettrez cet anneau, tressé de mes cheveux sur son cercle d'or, selon la coutume du pays. Qu'il soit à ses yeux le gage de mon amour et le talisman qui doit préserver ses jours. Qu'il le mette à son doigt pour me le rendre au jour de notre mariage mutuellement promis. »

De retour en France, j'ai appris que peu après son arrivée à Paris, le jeune artiste avait succombé de la fièvre typhoïde, et avait à ses derniers moments recommandé à son correspondant, d'éviter toute démarche en vue de faire connaître à sa fiancée, Eugerma, le fatal dénoûment.

Je vous rends votre anneau, ai-je écrit à la jeune négresse, votre fiancé vous attend !

La pauvre a compris ; ce qu'elle m'a répondu, se borne à ces quelques mots :

« Je vais m'enfermer avec mon deuil, dans la communauté de la Pointe-à-Pître. Gardez cet anneau, à moins que vous ne craigniez qu'il ne vous soit fatal comme il l'a été à mes espérances. Merci et adieu ! »

La Caravelle

Les eaux de la rade, assez bien abritée de St-Thomas, importante station de relâche et de ravitaillement pour les paquebots-poste, étaient un jour de l'hivernage de 186.

comme immobilisées d'un calme précurseur de tempête et teintées des tons ardoisés d'un ciel de plomb, chargé d'orage.

Ce jour-là, peu rassurés de ces prodromes, les bâtiments voiliers à l'ancre dans les eaux de St-Thomas, prenaient leurs précautions dans l'éventualité d'un cyclone probable. Plusieurs se hâtèrent et bien leur prit d'appareiller pour le large, ne se sentant pas assurés de la fixité de leurs ancres, de la résistance de leurs chaînes sous le fouet du premier choc de la tempête.

Vers 5 heures du soir, les vapeurs dont était saturée l'atmosphère, rendaient irrespirable ce milieu, par sa température surchauffée d'étuve. Chacun d'interroger ses instruments météorologiques et de chercher dans l'aspect général du ciel, une lueur de rassurance.

Des éclairs se montrèrent, sillonnant l'horizon d'une aurore aveuglante ; la mer se gonfla comme soulevée par l'angoissante respiration d'une poitrine oppressée. Aussitôt d'allumer les feux afin de faire, en douceur, machine en avant sur leurs ancres, les vapeurs qui se trouvaient sur rade eurent bien vite fait de se tenir sur la défensive.

Bientôt, les phénomènes signalés s'accentuèrent avec une intensité dangereuse ; un soulèvement sous-marin entrait en pleine activité, élevant à la hauteur des plus hautes maisons la masse des eaux projetées par ce formidable raz de marée, sans direction déterminée, à plus d'un mille de leur bassin naturel.

A ce déchaînement chaotique des éléments en lutte, vinrent s'ajouter les ténèbres d'une nuit profonde, que déchiraient sinistrement d'incessants éclairs, accompagnés d'explosions souterraines répercutées par une houle cyclopéenne de vibrations.

Au milieu de ce cataclytique désordre, où flots et navires luttaient aveuglément, à l'abandon du Ciel, des cris de détresse, des entrechoquements de coques et de mâtures perçaient çà et là cet effroyable fracas d'ouragan.

Dans la tourmente de cet inextricable mêlée de navires périrent, sans exception, les bâtiments à voiles restés imprudemment au mouillage et dont les épaves furent lancées par la poussée montagneuse des lames, à près de deux milles à la côte.

La Caravelle, un annexe des transatlantiques de la mer des Antilles, résista par sa machine à la chasse de ses ancres, par le cémentage de sa coque métallique, aux voies d'eau des abordages.

Un aviso de guerre, de la marine hollandaise, lui aussi, se tira d'affaire ; mais il était après un pareil assaut, plus propre à être mis au rebut, qu'à reprendre la mer.

La Caravelle, en partance pour la Martinique, son port d'attache, n'avait pas revu les quatre hommes qu'elle avait envoyés à terre, remettre un pli au Consulat de France.

Ces hommes, excellents marins que la frégate-amiral avait donnés à *la Caravelle* en remplacement de quatre de ses matelots laissés à Fort-de-France, malades, n'avaient point perdu leur temps.

A terre, le désastre était lamentable, les victimes nombreuses : maisons effondrées, monuments lézardés, rues obstruées d'épaves et de ruines de toute sorte. Tel était le désolant aspect de St-Thomas, au lever du jour.

Les matelots en corvée, de *la Caravelle*, avaient eux, plus d'une fois risqué leur vie pour tirer des monceaux de décombres qui les avaient enfouis, nombre d'habitants égarés dans les ténèbres de leur fuite.

L'un des hommes de *la Caravelle*, avait eu les deux jambes brisées ; les trois autres étaient à bout de forces, meurtris de contusions profondes ; cinquante-deux personnes avaient pu, grâce à l'intrépide et courageux dévoûment de nos compatriotes, échapper à une mort certaine.

A son arrivée en rade de Fort-de-France, *la Caravelle*, qu'honorait ce beau trait, fut acclamée par les équipages réunis de l'Etat et du Commerce et aussi par la foule accourue des quatre coins de la ville.

L'amiral, baron M..., alla visiter à l'hôpital de la marine, les matelots de *la Caravelle* ; le sympathique médecin en chef, M. R... K..., qui les avait pris dans son service, les recommanda tout particulièrement aux soins éclairés de son prévôt.

Leur retour à bord, fut le prétexte d'une démonstration officielle de la Division navale.

Le plus éprouvé fut décoré, les autres, médaillés ; leurs noms furent gravés sur une plaque commémorative, sur la façade même du Consulat de France aux Iles Vierges.

L'Orage

Nous naviguions sur la côte nord d'Haïti, revenant du Cap-Haïtien à toute vapeur, par un temps de rassurante apparence, sous un ciel d'un zénith de saphir. Cependant, l'horizon incendié de soleil se chargeait rapidement de vapeurs que trouaient, à mesure, des stellures de feu, par myriades.

Un immense nuage, se déployant en éventail, se forma des buées atmosphériques, sûr présage de mauvais temps dans les mers intertropicales.

Une voilure de trois-mâts-barque se montra à nous dans la zone menacée, ne paraissant pas se préoccuper de ces indices avant-coureurs de gros temps. Toutes voiles dessus, il faisait route à l'ouest, grand largue, lorsque brusquement, nous le perdîmes de vue dans la brume d'une trombe, que la chaleur accumulée avait, par la raréfaction de l'atmosphère, déchaînée dans ce centre de dépression.

Le nuage et la mer semblaient confondus dans la tourmente où s'était imprévoyamment laissé engager le navire marchand, dont la mâture avait, au reflet crépusculaire de rapides et fugitives éclaircies, complètement disparu à la vue. Dans sa marche cycloïde, la trombe avait en son lointain, l'aspect sinistre d'un cataclysme en fureur de destruction. Sa masse tournoyante d'eaux en lutte désordonnée, aurait anéanti toute résistance sur son passage.

Le trois-mâts aperçu se trouvait indubitablement en détresse, dans une situation périlleuse, en perdition probable; il s'agissait pour notre bâtiment, que n'avait cessé d'accompagner un temps admirable, de se porter à son secours. Nous attendîmes pour mettre le cap sur le lieu du sinistre, soigneusement déterminé d'ailleurs par l'officier des montres, que le temps mollit tant soit peu.

Lorsque nous n'en fûmes qu'à quelques encâblures, éperdûment secoué par une mer affolée, nous vîmes le malheureux trois-mâts couché sur le flanc, une partie de sa mâture brisée, méconnaissable dans un inextricable pêle-mêle de voilures, de manœuvres et de vergues. Il avait engagé sous le choc formidable de la première surprise, attendant désormais qu'un coup de mer providentiel le relevât sur sa quille, seule espérance de salut d'ailleurs, en semblable péril.

La chaloupe du Bord fut amenée, non sans précaution, pour son équipage, vu l'état démonté de la mer, en vue de porter aide promptement au bâtiment en perdition. Le patron de l'embarcation était un solide Breton, qui avait la pratique des parages dangereux, fréquentés par les baleiniers des mers australes.

Avec son initiative habituelle et l'impavidité qui lui avait valu plusieurs ordres du jour et la médaille militaire, il mit un homme

à la barre, se jeta à la nage après s'être fait
solidement attacher à la ceinture, d'une
corde qu'un matelot filait à mesure de son
éloignement.

Lorsqu'il fut à portée de voix, il héla le
Bord en perdition, vit paraître un homme
sur le rebord inférieur d'un panneau sabordé
dans la portion émergeante du pont de la
dunette, lui enjoignit d'élonger en le lan-
çant vigoureusement dans sa direction, un
bras (corde) de sauvetage. Ce résultat obtenu,
non sans de périlleuses difficultés pour le
matelot de commerce qui ne se tenait que
par des prodiges d'équilibre sur le rebord de
son panneau, le patron fit approcher sa chaloupe, lui envoya le bout de la corde de sauvetage, recommandant de l'amarrer solidement à un cabillot de foc.

Revenant à la charge, il se hissa par les
bordages de carène, hors de l'eau, jusqu'à
ce qu'il fut en vue du panneau, prescrivit
au capitaine de faire attacher à cette filière
un à un ses hommes, que l'embarcation de
l'Etat avait ordre de haler jusqu'à elle pour
les recueillir et enfin les conduire à son

Bord, une fois l'épave allégée de son équipage. Deux hommes manquèrent à l'appel, surpris à l'improviste par l'immersion instantanée du bord sous le vent. Leur disparition ayant été jugée l'équivalence d'une mort certaine, on ne s'en préoccupa pas davantage, et le navire marchand, livré au hasard des flots, fut abandonné après avoir été reconnu par une commission présidée par le Commandant de l'Etat, irrémédiablement perdu, en raison de l'étalement sensible des lames, en raison aussi de la gravité probable des avaries fatalement survenues dans ses œuvres vives.

Le quartier-maître, patron de la chaloupe de sauvetage, a été pour sa belle conduite dans cette circonstance périlleuse, proposé pour la croix.

Bizoton

Aux environs de Port-au-Prince, on rencontre encore, démantelées par les incessantes révolution de la province haïtienne, des habitations qui ont connu, pendant la

période de prospérité de cette île, les splendeurs de palais.

Parmi ces anciennes demeures, où les
créoles, patriciens de l'époque, vivaient de
l'existence de grands seigneurs, au milieu
de leurs troupeaux d'esclaves; féodalité aujourd'hui disparue; parmi ces habitations,
on en comptait une encore debout, en relativement bonne conservation, mais le faste
n'en était plus l'hôte indispensable. A cette
ancienne prodigalité de luxe avait succédé
la simplicité spartiatique du maître d'alors.
Cette propriété appartenait à M. D..., connu
à Port-au-Prince pour son ostracisme de tout
apparat.

Nous y étions comme chez nous lorsque la
division navale des Antilles venait mouiller
en rade de Port-au-Prince, car l'austérité
intérieure de cette demeure n'excluait point
les raffinements de l'hospitalité d'autrefois
aux colonies. M. D... d'ailleurs, était resté
français à tous les points de vue; c'est dire
combien ce caractère loyal et serviable nous
était sympathique.

Un petit cimetière, entretenu à perpétuité

aux frais de la famille D. ., avait été créé
à proximité de son habitation, pittoresque-
ment sise le long d'un capricieux cours
d'eau, le Bizoton. Ce reposant séjour des
morts recevait, aux périodiques invasions
de la fièvre jaune, les marins de tout grade
que la France perdait dans ces sinistres fau-
chées.

Tous les Français que l'inexorabilité des
circonstances réduisait à implorer le secours
de leurs compatriotes moins éprouvés, ne
s'adressaient jamais à M. D... sans qu'il en
résultât pour eux, un relèvement au moins
provisoire de leur situation précaire.

M. D... avait fait deux parts de sa fortune,
encore importante, à l'époque dont il est
question : les dots qu'il avait largement
attribuées à ses deux filles; les ressources
qu'il s'était ménagées pour ses besoins indispensables et pour l'expansion de ses générosités envers ses compatriotes.

D'une érudition précieuse, il charmait ses
invités par la fécondité de son esprit; par
l'exquise aménité de ses manières, les hôtes
qu'abritait fréquemment son habitation de

Bizoton, baignée de verdure et de fleurs aux senteurs pénétrantes.

Les amiraux qui se sont, pendant une période de trente-cinq ans, succédé dans le commandement de notre station volante du golfe du Mexique à Terre-Neuve, ont tenu à faire à M. D... une visite de courtoisie, aux présentations officielles qui suivaient l'arrivée en rade de Port-au-Prince, de la frégate porte-guidon.

Les sacrifices de dévoûment que lui ont imposés les révolutions sanglantes telles que celle qui a porté sur le pavois, le sanguinaire dictateur Salnave, les sacrifices de dévoûment que les meurtrières endémies de cette contrée lui ont coûtés, sans merci pour sa vie, lui ont valu successivement la croix de Chevalier et d'Officier de la Légion d'honneur.

Depuis nombre d'années déjà, M. D... est mort, à un âge avancé, de la fièvre jaune, que la robustesse de sa constitution avait jusque-là défiée. Les différents pavillons de son habitation étaient alors, comme en temps d'épidémie, occupés par les malades

que les nécessités de l'hygiène, qui ne savait
en ce temps d'impuissance thérapeutique
que faire la part du feu, y avaient fait éva-
cuer, conformément aux traditions hospita-
lières de cette maison, qui appartenait plus
à la France qu'à ses propriétaires nominaux.

L'Otage

En l'an 186., Cuba en était à sa première
insurrection, moins dévastatrice, mais tout
aussi chaude que la seconde. On se tiraillait
de feux de peloton entre partisans, dans les
rues de la Havane, où le quartier le plus
proche de la rade était seul à peu près
indemne de saccage.

Matenzas, Nuevitas, Puerto-Principe, recevaient fréquemment le choc des incursions in-
surgées ; cependant, la terreur n'y régnait pas
avec la même rigueur qu'à Santiago de Cuba.

Les environs de cette pittoresque cité,
avec sa rade tranquille comme les eaux d'un
lac, parsemée d'îlots encorbellés de fleurs,
étaient à plusieurs kilomètres à la ronde,
littéralement dévastés dans leurs voies

ferrées, dans leurs lignes télégraphiques et dans leurs cultures.

Une des rares habitations à peu près exemptes de déprédations, appartenait au Commandant de la place. C'était une de ces superbes estancias, dont sont peuplés les alentours des villes coloniales espagnoles.

Nous y étions réunis, officiers du Bord français en relâche et Etat-major de la place, devisant entre nous, des éventualités et des surprises de la guerre de partis, en faisant honneur à la réception gracieusement offerte par la maîtresse de maison, jeune femme d'une beauté étrange, un de ces types créoles où le sang anglais et le sang espagnol sont d'un croisement remarquablement heureux. Avec ses grands yeux d'un bleu profond, le teint mat de son visage et sa chevelure brune de castillane, la Dona E... semblait une vision de latitude inconnue.

Une fantaisie s'empara tout à coup de sa volonté ; elle fit atteler sa *pasa volante* aux moyeux d'argent, nous promettant au retour de sa course, le récit de son incartade, suivant son expression.

Son mari n'y vit pas d'obstacle, le feu de l'ennemi ayant cessé de se faire entendre depuis deux jours, la brousse étant, au dire des éclaireurs, purgée dans un rayon de plusieurs kilomètres. La dona partit donc dans la direction que lui suscita son caprice. A quelques milles, elle s'arrêta pour couper des *brandilletas* de verdure ; c'était son plaisir pour l'agrément de sa véranda.

Vers la tombée de la nuit, le postillon rentra et raconta avant de remiser, que descendue de voiture dans le voisinage d'une plantation récemment ravagée, sa maîtresse après s'être éloignée assez avant dans la brousse, n'avait pas reparu. Vains appels, inutiles recherches, le postillon s'était résigné à rentrer sans sa précieuse passagère pour rendre compte sans retard de la catastrophe probable et donner l'alarme.

Le lendemain, au point du jour, le Commandant de la place recevait par l'entremise d'une estafette expédiée du camp ennemi, en parlementaire, le message suivant : « Caballero Comandante, Dona E.... est en sûreté dans mon camp, l'objet de mes attentions, afin qu'elle ne manque de rien. Je vous demande et j'exige pour vous rendre sa grandesse, la Señora, que vous me consentiez un armistice de six jours. J'ai pour cela, des raisons que je ne saurais vous exposer sans être traître à ma cause.

« *Le Chef de camp*, Don Garcia. »

Le conseil de guerre ayant jugé opportun d'user de procédés dilatoires en attendant que l'on avisât aux moyens à prendre, des éclaireurs hardis reçurent l'ordre de battre la brousse avec précaution, afin de se rendre compte de la position du camp ennemi et de l'emplacement de la tente de Dona E...

Quatre journées se passèrent en vaines incursions, pour les éclaireurs, en angoissantes préoccupations pour le Commandant de la place, en suggestives inquiétudes pour son état-major.

Dans la matinée du cinquième jour, on vint annoncer au commandant, la présence de quatre mulâtres, simplement armés de revolvers, précédés d'un parlementaire, le pavillon blanc dehors, attendant à deux

portées de fusil, qu'on voulut bien les autoriser à être entendus.

Il s'agissait pour le chef insurgé de la province de Santiago, de rendre à son mari, à
sa famille, Dona E... sans condition.

Voici ce qui s'était passé.

Assise sous l'abri d'un superbe sâblier
épineux, elle était occupée à lier en gerbe
ses *brandilletas,* qu'elle teintait, des fleurs
cueillies au hasard de sa course, après les
avoir disposées en corymbes.

Tandis que ses mains achevaient distrai-
tement le bouquet qu'elle destinait à sa
corbella, sa pensée était absorbée dans
l'hypnotisante rêverie d'un monde idéal où
les hommes sont frères, où la guerre serait
un crime. Dans sa mélancolique détresse,
elle songeait à son mari, que le destin avait
fait soldat..., quand tout à coup surgit d'un
hallier encore fumant des incendies du dernier combat, un nègre, sans doute un espion
rôdeur de D. Garcia, en quête de découverte.

Dona E... était prisonnière.

A son arrivée au camp ennemi, où elle
fut apportée sur un hamac improvisé par

deux insurgés envoyés en sentinelles avan-
cées, dans le voisinage de l'estancia, la
jeune femme fut reçue avec les honneurs
dus à son rang; la tente du chef de camp
fut installée pour elle, avec tout le confort
permis à la guerre. Des ordres furent rigoureusement prescrits en vue de la stricte
observation des prévenances respectueuses
dont la Señora devait être entourée. Et,
sans qu'elle s'en doutât, afin d'épargner la
délicatesse de son amour-propre, elle fut
gardée à vue.

Remise de sa surprise, Dona E..., réclama
la faveur de visiter les blessés et le mérite
de les panser.

Elle fut si admirable de dévoûment envers les blessés, si touchante de résignation
en face de sa captivité, elle fut si édifiante
de ferveur dans les prières qu'elle adressait
tout haut chaque jour, avant et après la visite
à l'infirmerie, que le chef qui se faisait
appeler Don Garcia, résolut par chevalerie
pour sa captive, de rendre l'otage sans
condition à son Seigneur et maître légitime.

Il y eut fête à grand pavois, ce jour-là au camp espagnol et deuil au camp insurgé.

Espérons, avons-nous dit, en retournant à Bord, que l'Espagne ne perdra pas tous ses galions.

Un dîner à Bord

La frégate cuirassée *Numancia* était au bassin de Brooklyn, achevant ses réparations de gouvernail et de machine. En même temps, des dispositions étaient prises pour l'aménagement décoratif du pont.

Un dîner en matinée devait être offert à l'occasion de sa mise à flot aux marines étrangères, par l'amiral, dont le pavillon battait à l'ambassade d'Espagne, depuis l'entrée de son navire au bassin.

Aux Etats de l'Union d'Amérique, les dimanches et les jours fériés sont, à l'instar des coutumes anglaises, consacrés aux cultes religieux, jours de chômage absolu de tout travail manuel, salarié ou non. Les services publics, même les plus pressants, tels que les postes et télégraphes, sont également fermés dès midi. Les arsenaux et les chantiers maritimes de Brooklyn, sont aux heures des travaux, ébranlés de formidables martèlements, qui font rêver de forges cyclopéennes.

Il fut décidé en conséquence, que la réception à bord de *la Numancia*, aurait lieu le dimanche qui suivrait l'achèvement définitif de ses réparations. On prépara la mise en scène de cette fête, avec tous les moyens propres à lui donner un éclatant contraste de splendeur dans ce milieu éteint de fournaises et de forges en arrêt, qu'est Brooklyn hors des jours ouvrables. Enfin on disposa des échelles de descente : à tribord pour les invités, à babord pour les besoins du service. Au dessert, au milieu des toasts de courtoisie, la mise à flot devait commencer, puis s'achever aux accents de l'hymne national.

Un neveu de l'amiral, officier de la Plana major de *la Numancia*, avait obtenu la main de la fille de l'ambassadeur d'Espagne, la Juanita, à qui le charme de ses vertus, le brio de son talent de musicienne, l'attrait de son incomparable bonté, avaient obtenu le renom de Diva, expression usitée sous cette acception, dans la haute société espagnole. La date du mariage était subordonnée au départ de *la Numancia*, à bord de laquelle devait prendre passage la jeune épouse, attendue par sa nouvelle famille, à Cadix.

L'amiral, le poing haut, conduisit à son bras, la Générale G..., à la table qui avait été dressée avec un grand apparat, sur l'arrière pont. L'ambassadrice d'Espagne, créole de la Louisiane, fit les honneurs de la table, avec une grâce charmante et un tact dignes de son origine de vieille roche. Les hymnes nationaux des Etats-Unis, de France et d'Espagne furent, à leur tour de préséance, joués par la musique de la frégate française, prêtée pour la circonstance, par l'Amiral Baron M..., lequel occupait, auprès de l'ambassadrice d'Espagne, la place d'honneur.

Pendant ce temps-là les petites vannes, ouvertes à l'accès des eaux extérieures, emplissaient graduellement le bassin de leur chute en cascade. Dès que le pont arriva de plain-pied avec le quai, les vannes furent momentanément fermées; des amarres d'écubier, opposées les unes aux autres, furent solidement tournées sur leurs bittes d'arrêt, afin que la coque et les agrès extérieurs du navire pussent être efficacement défendus contre les avaries d'abordage. Une passerelle volante, tapissée de pavillons de timonerie, fut ensuite établie bord-à-quai, pour per-mettre la sortie des convives ; un officier de service en grande tenue, à la coupée.

L'ambassadrice d'Espagne, au bras de l'amiral français, donna le signal du départ pour l'hôtel de l'ambassade, où la réception de *la Numancia* devait se terminer par une soirée de gala.

A l'entrée de l'échelle du warf, au pied de laquelle se tenaient sur deux rangs, rames hautes, les embarcations de l'amiral, du Commandant et de l'Etat-major, une petite flotille de parade, pavoisée aux couleurs espa-gnoles, deux aspirants de service comman-daient : « *su-bord* », aux sifflets d'usage.

Le neveu de l'amiral espagnol obtint la faveur d'accompagner lui-même à terre sa fiancée dans la baleinière de la Plana major. En arrière de quelque distance de la flotille

d'embarcations, en voie de traverser à toutes rames l'Hudson-West-River, tout entier
à ses galanteries de caballero servante, l'officier n'entendit pas assez à propos pour
l'éviter, le timbre-sirène d'un grand steam-
boat qui descendait le fleuve, et dont la
construction, usitée en Amérique, laisse par
son ensemble, vu de loin, l'illusion d'une
petite cathédrale gothique, en bois artiste-
ment découpé. L'embarcation, prise en
écharpe, en dépit des efforts désespérés du
capitaine-pilote du vapeur, fut roulée et cha-
virée.

Une chaloupe à vapeur du port, accourue
au secours de la baleinière, parvint à opérer
le sauvetage de son équipage et de l'officier
dont les forces s'employaient à remorquer
d'une main sa fiancée, ramenée à la surface
en complète inertie d'évanouissement.

Les premiers moyens tentés dans le trajet,
en vue de ranimer la jeune fille, n'eurent
aucun succès. A terre, le médecin du port,
accouru en toute hâte, déclara après avoir
vainement mis en action les procédés scientifiques les plus modernes, qu'il s'agissait

probablement en ce cas — sa longue expérience lui en ayant donné la démonstration — d'une syncope systolique, où tout pouvoir de réamorcement des fonctions du cœur est physiquement impossible...

La Numancia avait depuis longtemps déjà quitté les eaux de New-York. Le neveu de l'amiral s'était fait retenir, par permutation autorisée de son Gouvernement, à l'Ambassade espagnole, en qualité d'attaché militaire.

Les Yankees, si réalistes qu'ils soient, ont pour leurs morts un culte et pour leurs cimetières un respect dont certains pays, de civilisation séculaire, ne pourraient se targuer.

Le cimetière principal de la grande cité yankee est une immense galerie de monuments où les marbres les plus rares y sont à profusion. On dirait d'une nécropole antique lorsque, en descendant le fleuve, les regards se portent sur la rive gauche, dans la direction de la cité mortuaire....

Le nouvel attaché militaire à l'ambassade d'Espagne s'y rend chaque jour à cheval. Il y possède un tombeau qui renferme les restés de sa fiancée, avec son cœur et le bonheur espéré de sa vie !

Qui aurait pensé qu'à quelques années de là, la superbe frégate *Numancia*, que j'ai connue en des temps heureux, passerait à l'insurrection qui faillit effacer l'Espagne de la civilisation !

Miss Juana

Au cap Breton est implantée une colonie anglaise dont les habitants avaient conservé, à l'époque où j'y suis passé, le caractère du siècle de l'immigration de leurs ascendants. De mœurs patriarcales et d'une gracieuse hospitalité, les familles qui peuplaient alors ce petit dominion nous faisaient partager sous leurs toits amis les charmes attachants de la famille d'autrefois.

Les dames patronnesses de Sy. V... nous convièrent à une solennité religieuse d'une touchante expression. Il s'agissait d'une première communion de jeunes filles. L'anglicanisme ne sait pas mettre dans ses cérémonies ce faste religieux, ce je ne sais quoi de grandiose et d'imposant qui élève l'âme et impressionne sentimentalement la fibre humaine. Mais, autant que mes souvenirs en ont conservé la mémoire, le recueillement de cette jeunesse, simplement parée de ses voiles blancs, richement parée de la fraîche beauté particulière aux Anglaises de cet âge, le recueillement de ces jeunes néophytes était vraiment communicatif.

L'une d'elles, miss J..., semblait pleurer ; des larmes silencieuses découlaient de ses yeux, s'égrenant en autant de perles qui lui faisaient une parure de plus.

La tendre jeune fille avait rêvé, enfant, de recevoir le baptême catholique ; adolescente, de partager avec les catholiques le pain sacré de la sainte communion, telle que l'a fondée Notre Seigneur Jésus-Christ.

Avant de quitter ce séjour où l'existence s'écoulait paisiblement alors, sous un ciel merveilleux, pendant l'éphémère mais fertile saison d'été, âpre et glaciaire pendant les longs jours d'hiver, nous fîmes promettre à la mère de miss J... qu'elle exaucerait les vœux de sa fille bien aimée.

Si vous tardez trop à nous revenir, nous dit celle-ci, notre petite ville ne fera qu'un d'ici-là, avec Sy. M..., ce qui sera l'issue souhaitée de cette rivalité que nous nous plaisons à appeler notre guerre des Deux-Roses.

La Caucasienne

C'était le 9 j... 187. : la veille, nous avions assisté à l'une des plus brillantes fêtes de nuit que Gouverneur ait données à Mustapha inférieur.

La maréchale de M... avait le don de ces réceptions princières, auxquelles le charme de ses manières bienveillantes et de son affectueuse prévenance, savait donner cette saveur d'exquise familiarité qui met à l'aise.

De haute courtoisie, le maréchal rappelait par l'affabilité et la noblesse de sa personne, le gentilhomme débonnaire.

L'éclat des lumières éclairait les salons d'un jour féerisé par l'étincelance des lustres et des parures ; dans les jardins, les mille feux qui scintillaient sous la verdure du feuillage, transportaient l'imagination dans l'illusionnante rêverie d'un séjour enchanté. Cette nuit de ravissantes visions m'a rappelé les splendeurs d'une de nos fêtes nationales à la Martinique, où les scintillantes illuminations d'un ciel diamanté d'étoiles, prêtaient aux magnificences de la solennité, le décor féerique de leurs enchantements.

Cette fête, inoubliable comme un de ces poétiques souvenirs de jeunesse, que n'efface point le contact charmeur d'une compagne aimée ; cette merveilleuse nuit de fête devait avoir son lendemain ; lendemain sombre en son horizon de présages menaçants, sombre en ses réalités de défaite et d'invasion ! Nous avions dansé sur un volcan !

A quelques kilomètres de cette délicieuse station d'Alger, vivait, retirée dans une modeste maison d'arabe, une femme qui avait gardé de sa jeunesse la beauté physique particulière à sa race et la naïveté presque enfantine de l'orientale. Giorgiana était le nom qu'elle s'attribuait et quoiqu'elle fut généralement appelée la Mauresque, les lignes ethniques de son visage, son teint clair d'aryenne du Nord, lui assignaient une origine caucasique.

Elle avait une légende. Le charme surnaturel de son âme, que transmettait la puissance de son regard d'une subjugante douceur, laissait à ses visiteurs l'impression d'une indéfinissable puissance de divination.

Elle portait de préférence chez elle, le costume mauresque d'intérieur, dépouillé des parures habituelles ; une croix de diamants d'un prix inestimable, attachée à son cou, donnait à sa mise orientale le cachet d'étrangeté qu'aurait l'étendard de Mahomet, si le croissant y était remplacé par la croix.

« Vous regardez avec surprise, nous dit-elle, le riche bijou que je porte avec un soin jaloux, à l'égal d'un emblème sacré. C'est que cette croix m'est plus précieuse par le souvenir qui s'y rattache que par sa valeur de joyau. Cette parure a été oubliée sur ce divan, laissée volontairement peut-être, par une inconnue qui vint, il y a neuf années, visiter dans sa thébaïde, la pauvre Giorgiana.

« Sous son voile épais de deuil, je pus découvrir les traits d'une distinction rare, à laquelle répondait d'ailleurs, le caractère aristocratique de sa personne. »

« Giorgiana », me dit-elle, « permets que je t'embrasse ; le renom de chasteté qui fait un limbe à ton front, m'y invite et m'en fait un désir.

« Connais-tu la filiation des évènements qui ont fixé ici ta destinée, loin de ton berceau, toi enfant du Caucase, si la typique beauté de ton visage ne me trompe ?

« A onze ans, dit la légende que tu as ignorée jusque-là, tu fus enlevée des bras mêmes de ta mère adoptive, à laquelle tu avais, peu après ta naissance, été remise par une main inconnue. Conduite secrètement à Constantinople, le palais d'un grand dignitaire de l'Etat, y devint ton refuge et ta demeure.

« L'éclat de ta beauté avait frappé le souverain venu sans apparat chez ton protecteur, ainsi qu'il se plaisait à le faire par courtoise familiarité. Il en prit ombrage et devint de ce jour, moins expansif à l'égard de son serviteur favori.

« Une matinée, dans une entrevue avec le Sultan, l'attitude de celui-ci le glaça d'effroi ; il comprit dès cet instant que sa carrière était brisée avec le retrait des faveurs dont il avait été, jusqu'à ce jour, comblé. C'était, il faut le dire, chez cet homme de haute qualité, une préoccupation d'ordre secondaire, en face du danger que sa persévérante sollicitude à la garder auprès de lui, faisait courir à sa précieuse hôte.

« La disgrâce de son souverain lui fut cruelle ; la pensée que tu pouvais être enlevée par quelque trame d'inavouable conception, l'écrasait dans ses énergies à te défendre, le paralysait dans ses efforts à rester maître de l'estime du Sultan.

« A bout d'inspirations pour mener à la satisfaction de ses convoitises l'accomplissement de ses desseins, le maître enjoignit à son ancien favori, l'ordre de te faire conduire au palais Impérial ; mais Giorgiana avait été par une main dévouée soustraite au piège qui guettait autour d'elle...

« Trois années écoulées à Cordoue dans le silence discret d'une ancienne demeure mauresque, tu fus amenée sur cette terre française après la mort du Sultan. »

Giorgiana s'arrêta là de son récit. Lorsque nos regards se portèrent sur les siens, ses yeux étaient humides de larmes.

Remise de l'émoi que la vision des mystérieuses péripéties de ce passé avait soulevé dans son âme, à son propre récit, elle termina par cette réflexion de haute sentimentalité : « Le souvenir de l'inconnue qui m'initia aux événements de ma première jeunesse, s'estomperait vaguement comme une apparition de songe à la clarté du jour, s'il ne m'en restait le palpable talisman qui a frappé vos yeux de ses magnétisantes étincelances.

« Il me semble, depuis que je porte cet emblême sacré de votre religion, que je sais prier. La pensée qu'y a laissée la mystérieuse inconnue, en se séparant de ce précieux souvenir, me dit que ma mère est française et que c'est pour la France, ma patrie définitive, que je dois prier. »

L'Ile de Norfolk

Nous reçûmes l'ordre d'aller croiser sur la grande route de Chine, au moment de la guerre franco-allemande. C'était là, je pense, un simulacre naval, car, de bâtiments allemands, nous n'avons vu trace, et il était sage de s'abstenir de représailles en face de nos lamentables insuccès. Dire sans réticence les choses telles qu'elles sont, n'est point, en semblable matière, de l'impatriotisme, car le patriotisme est le contraire du chauvinisme. Le patriote sincère veut être éclairé et ne se dérobe point au service de son pays. Le chauvin se paie de mots et fait en sorte d'éviter la corvée.

Dans ces parages, la mer est énormément houleuse, sous la mousson saisonnière des mers australes ; aussi avions-nous hâte de voir la fin de cette croisière blanche. Sur ces entrefaites, l'île de Norfolk fut signalée.

Le commandant du Bord, un des manœuvriers les plus hardis de la marine française,

M. T..., fit allumer les feux pour l'atterrissage, non en raison des difficultés des vents,
mais afin de se rapprocher promptement de
la terre, où des signaux venaient d'être pla-
cés, en vue de réclamer de nous un service.

Norfolk est une île de modique superficie,
dont l'Angleterre avait fait un lieu de transportation pour ses convicts, après la fonda-
tion de Melbourne, une des plus récentes
cités d'Australie, que les aventuriers de l'or
ont d'ailleurs considérablement accrue.

Cet établissement pénal, fondé pour le
développement agricole de l'île, avait été
provisoirement délaissé par l'Angleterre,
qui se réservait, le jour venu, de tirer parti
des prodigieuses ressources de la continue
fécondité du sol. Aux transplantés convicts,
avait succédé un convoi de robustes immigrants irlandais, venus là pour y fixer leurs
tentes et y faire souche d'honnêtes cultiva-
teurs.

Il faut ajouter que le climat de cette contrée sud-océanienne est, par ses qualités
inconnues dans notre hémisphère, vraiment
idéal. La chaleur et le froid, comme aux

limites extrêmes-sud du cocotier, s'y combinent à l'état moyen de permanente température, que je ne saurais comparer qu'à celle d'un mois de septembre normal sous nos latitudes tempérées. Leurs femmes sont des canaques d'un des plus jolis types polynésiens que j'aie vus; elles viennent pour la plupart des îles Pitt-Kern, d'où elles ont apporté l'élégance charmeresse et la primitive candeur de leur origine. Leurs enfants étaient d'un physique agréable, tous encore d'âge tendre, la colonie étant de fraîche implantation, lorsque nous avons visité Norfolk.

L'évangélisme est le culte confessionnel pratiqué par la population, parce que l'Irlande catholique est moins propre à l'immigration, attachée qu'elle est à son sol par des nécessités de cohésion pour la défense de la religion héréditaire.

Leur pasteur, tout à la fois leur directeur spirituel et leur médecin, nous informait par les signaux du sémaphore, qu'une embarcation serait envoyée à notre Bord avec un pli pour le commandant.

Du mouillage qui fut désigné par le commandant comme le moins exposé de cette côte mal abritée de la houle du large, on attendit l'accostage du canot des insulaires.

La lettre du pasteur priait le commandant de vouloir bien autoriser le médecin du Bord à se rendre auprès des malades de sa petite colonie, au nombre desquels se trouvait, il m'en souvient, une fillette de cinq ans, atteinte de tétanos traumatique.

Toujours empressé à payer de sa personne lorsqu'il y avait à soutenir le renom des traditions françaises, à maintenir l'honneur du pavillon, le commandant T... se fit un devoir de me conduire lui-même auprès des malades que le pasteur qui nous attendait au pied du mât de sémaphore, avait à nous désigner.

Le pasteur était un majestueux vieillard, chez lequel l'austérité professionnelle n'avait rien de rigide, et que ne déparait point la jovialité de son caractère. Après nous avoir fait visiter l'ancien pénitencier où devaient être installés les services de l'Etat civil, créée une école, organisé un dispensaire, il se fit un point d'honneur de nous initier au coefficient moral de la colonie. Hommes et femmes, après avoir été reconnus indemnes de tares physiques, n'ont été jugés aptes à cet essai de colonisation que sur des preuves d'indubitable moralité ; sélection d'un éclectisme biblique.

Depuis sept années que datait la prise de possession de ce petit territoire par cette poignée d'immigrants, aucun délit n'avait eu lieu, la pureté des mœurs était restée intacte. Les habitations ne possédaient aucun agencement de sûreté, l'homme n'ayant pas à se défendre contre l'homme, comme aux âges primitifs, comme aux époques de civilisation décadente. Le pasteur de ce docile troupeau veille d'ailleurs à ce qu'aucun confessionnel ne s'écarte des obligations du culte.

Il manquait cependant à cet arsenal de solides vertus, l'enthousiasme qui dilate les générosités de l'âme, ennoblit les élans du cœur, jusque dans les couches obscures de notre race. La poésie de ces sites helvétiques en était attiédie, comme le serait un décor privé de ses effets de lumière.

La roche percée de Bouraï

Après avoir accompli notre mission au Diahot, laquelle avait pour but de juger d'après les prospections faites jusque-là, de la teneur aurifère des gisements de cette région, nous rejoignîmes, dans nos embarcations, *le Surcouf* au mouillage en rade de Bouraï.

A peine étions-nous montés à bord, les embarcations hissées à leurs portemanteaux, qu'un coup de vent se déchaîna brusquement du N.-E. Ce n'était point un de ces cyclones comme celui que quelques mois auparavant, nous avions essuyé en rade de Nouméa, assez fréquents dans cette contrée du Pacifique, mais une tempête de direction invariable pendant toute sa durée et accompagnée d'une pluie diluvienne qui grossit la Néra de 10 mètres au-dessus de son étiage.

Le beau temps revenu, l'enseigne de vaisseau D... descendit à terre, non sans difficultés pour l'accostage de son embarcation, les bouches de la rivière ainsi que leurs bancs de gravats, s'étant sensiblement déplacés sous la poussée aveugle et désordonnée des courants de foudre du trop plein de la rivière.

A son retour de Bouraï où se développait normalement une colonie pénitentiaire agricole de la Nouvelle-Calédonie, il héla, la nuit se faisant, une embarcation du Bord. A son appel, d'armer la baleinière pour l'aller prendre ; toutes les dentelures de la plage d'où était partie la voix de l'officier, furent soigneusement explorées, minutieusement fouillées sans trouver autre chose que des traces encore fraîches de pas se dirigeant sans hésitation vers la roche percée, un petit massif rocheux, dont le sommet commande la rade foraine de Bouraï et dont la base est perforée de cavernes sinueuses et profondes où s'engouffrent les eaux de ressac de la baie, en un remous tourbillonnant d'abîme.

Naturellement, pour se faire plus distinctement entendre, l'officier s'était hissé jusqu'au sommet du rocher, dont les flancs, perpétuellement battus par le déferlement des lames, étaient vernissés d'une couche varécheuse glissante, perfide au pied confiant.

Une partie de la nuit se passa en vaines recherches et partant, une légitime inquiétude de s'emparer de nous.

Le lendemain, au moment même où le commandant du *Surcouf* prenait ses dispositions pour se rendre à Bouraï même, en vue de faire une enquête pouvant éclairer cette mystérieuse disparition, une pirogue que nous vîmes se détacher de la plage Est de l'anse principale de la rade, nous amenait, montée par deux canaques, le corps de l'officier disparu.

Les contusions et les plaies contuses de la tête et des mains, étaient à n'en plus douter, les stigmates certains d'une submersion désordonnément accidentée à travers les anfractuosités sous-marines de la roche percée.

Il ne nous resta plus qu'à accompagner le camarade que nous venions de perdre, à sa dernière demeure, après avoir enseveli ses restes, selon la coutume, dans un linceul aux couleurs nationales. La marine perdait un officier d'avenir, l'état-major du *Surcouf,* un camarade regretté.

Mme D... en apprenant la mort prématurée de son fils, n'eut qu'une pensée, se rapprocher de sa tombe.

Veuve depuis quelques années, elle s'était donné pour compagne, une nièce qu'elle destinait pour épouse à son fils. La jeune fille, charmante personne de 19 ans, partagea l'amertume du chagrin de sa tante, prit sa part de consolation, simple soulagement d'un mal sans remède, à la pensée que toutes deux débarqueraient un jour en Nouvelle-Calédonie, sur cette terre perfide, devenue leur terre promise, qui avait pris à l'une un fils, à l'autre un fiancé.

Une concession fut acquise par Mme D... dans le voisinage de Bouraï, d'où elle put visiter quotidiennement la tombe de son cher P... La jeune fille, elle, entra comme novice dans l'ordre des Sœurs de S... P... de Ch... afin de se donner le droit de prendre du service dans nos hôpitaux coloniaux d'outre-mer.

L'hôpital de la marine, à Nouméa, vit arriver, trois ans après le départ de France de Mme D..., la jeune Sœur, en religion Sœur Saint-Augustin, laquelle se mit en devoir de mériter par son zèle et par son dévoûment à soigner nos malades, le poste de Supérieure de la communauté de l'hôpital annexe, qu'il était déjà, à cette époque, question de créer dans l'avenir, sur le pénitencier de jour en jour plus important du poste de Bouraï.

La fiancée, devenue Sœur hospitalière de Nouméa, ira de compagnie avec sa tante déposer sur la tombe de son cousin, des fleurs symboliques de leur affection, qui ne finira qu'avec elles.

Morte de chagrin

J'ai connu, à Tahiti, une jeune Canaque du nom de Taïmioo (yeux de velours) *féeti* (familière) de la reine, quoique catholique, Pomaré appartenant à la religion anglicane.

Cette femme, édifiante de piété dès son bas âge, avait pour son mari, employé au service maritime de Papéete, un culte vraiment touchant.

Ses deux enfants, morts peu de temps après leur naissance, toutes ses affinités se rattachèrent à son mari, dont elle pleurait les absences quotidiennes, nécessitées par son état d'employé.

La variole maligne sévit un jour sur cette île enchantée ; Faatūé mourut comme tant d'autres canaques, victime de l'épidémie.

De ce jour, Taïmioo dépérit rapidement ; la prière la soutenait, sans doute, mieux que le lait de coco, devenu son unique nourriture depuis le départ de son mari. Mais sa frêle constitution ne put résister à de telles épreuves, Taïmioo mourut doucement, souriante, heureuse d'aller retrouver son cher Faatūé auprès de son Père céleste.

Un Kava

La race noukahivienne doit être classée dans la grande famille polynésienne, parce que ses caractères éthniques l'en rapprochent davantage que de celle des Mélanésiens.

Mis en parallèle, les Loyaltiens seraient aux
Néocalédoniens, ce que les habitants des
Marquises, aux cheveux crépus et décolorés
à la chaux, sont aux Tahïtiens; sans doute
un produit mixte, très atténué avec les siècles, des sangs mélanésien pour le Nord, et
polynésien pour le Sud, des contrées océa-
niennes du Pacifique.

Contrairement à la coutume qui décerne
habituellement chez les Polynésiens, la sou-
veraineté gouvernementale aux femmes, on
rencontre aux Marquises, notamment à l'île
Dominique, quelques districts sous le commandement de princes mâles. Chez les Mélanésiens, la femme est dans tous les états de
la vie politique, écartée au rang de sujet.

A l'île Dominique donc, un jeune prince
dont je ne me rappelle pas le nom, repré-
sentait dans son district l'autorité, soumise
à la suzeraineté de la reine de Nouka-Hiva.
Ce prince avait la monomanie de son inhu-
mation après sa mort, dans un cercueil selon
l'usage consacré en Europe et dont il avait
confié la confection à un ouvrier indigène qui
y procédait comme s'il se fût agi d'une piro-

gue, c'est-à-dire à petits coups d'herminette chaque jour, dans l'épaisseur d'un tronc de Bourao, au regard charmé du prince, accroupi pour ce spectacle, sur une natte, au-devant de sa case.

Notre visite ne réussit point à le dérider de l'étrange spleen qui le poursuivait jusque dans son sommeil. Il nous montra stoïquement ses préparatifs pour sa mort, dont l'heure devait, ajoutait-il, suivre de près leur achèvement. C'est sans doute pour cette raison que le constructeur avait été autorisé par son Altesse, à prendre son temps.

Cependant, nous fûmes conviés pour le lendemain, à un Kava, auquel devaient prendre part les notabilités et les improvisatrices d'hyménées.

Trois jeunes noukahiviennes, issues de sang royal furent désignées pour vaquer à la préparation de ce breuvage d'honneur.

Rangées en triangle, leurs grandes jattes en bois devant elles, au centre du cercle que invités et officiels formaient ensemble, elles se mirent en devoir, sur un signe du chef, de mastiquer prestement de leurs dents blanches, le kava, qu'elles malaxaient en voie de fermentation, sous l'eau fraîche de leurs jattes entourées de feuillage de goyavier, pendant que les jeunes filles canaques désignées pour chanter des hyménées, faisaient vibrer nos oreilles de leurs rythmes langoureux. L'une d'elles, à un moment inattendu, s'avança vers le groupe officiel, déclama du geste et de la voix, le Yoraana (salut) de circonstance, suppliant, ces formalités accomplies, le prince, son très haut chef (Tavana), de vouloir bien l'autoriser à ne point prendre part à la ūpa (danse), qui devait être dansée au moment des libations à la ronde. Alors, elle confessa hautement, en présence de ses compagnes et de l'assemblée réunie, que la religion chrétienne, à laquelle appartenait sa foi, lui défendant de prendre part aux danses lascives de son pays, elle se soumettrait en réparation de cette infraction aux usages, à subir la peine la plus mortifiante qu'on lui pût infliger. Elle fut condamnée par la Camarilla de la chefferie, à 60 jours de corvée.

L'exemple de cette résignation doublée

d'énergie, porta ses fruits; avant l'expiration de sa peine, la majeure partie de ses jeunes compagnes s'étaient fait baptiser catholiques.

A quelque temps de là, l'évêque de Nouka-Hiva, en tournée pastorale, se fit présenter les jeunes filles canaques, lesquelles n'attendaient que le sacrement de la Communion pour devenir des catholiques accomplies.

« Mes chères enfants, leur dit-il, vous avez fait preuve d'un réel mérite en renonçant de gaîté de cœur aux ivresses de vos ūpa-ūpa, où couronnées de fleurs, enguirlandées de lianes, vous figurez les Grâces sylvaines des temps mythologiques. Je vous en félicite et je prie le Ciel de vous en récompenser en donnant à vos âmes, la satisfaction du devoir accompli. »

« Monseigneur », répondit à son éminent pasteur, la jeune canaque qui avait eu l'initiative du sacrifice, « si nous renonçons aux fascinations de nos ūpa, c'est que, en bonnes chrétiennes que nous voulons être, nous estimons que les figures de nos danses sont d'insidieuses mimiques de Satan. Nos chants hyménéens n'excluent point la chasteté;

cependant mes compagnes et moi, sommes
d'avis qu'il est sage, qu'il est convenable
que nous consacrions l'art dont nous a dotées
le Bon Dieu, à l'audition des hymnes en son
honneur. »

Les deux Sœurs

A Valparaiso, Dona C... de R..., habitait
avec ses deux filles, Mariana et Carlota, une
des plus somptueuses demeures de la rue
de l'Indépendance.

En 187., j'eus l'honneur d'être présenté
dans cette maison où la marine française
était fort en honneur et partant, recevait le
plus sympathique accueil dans cette demeure,
un petit cénacle familial autant que de grand
ton, où se plaisait à se rencontrer l'aristocratie chilienne. J'eus l'avantage d'y être présenté à la femme d'un ancien Président de
la République de l'Equateur, un de ces types
de femmes qui rappellent par la majesté de
leurs traits, les divinités terrestres animées
par la statuaire antique. La race espagnole a

conquis dans les parages sud-américains, la plantureuse complexion physique, si remarquable chez les anglo-saxons d'Australie. La transplantation de ces races d'instinct conquérant est peut-être une nécessité d'évolution et de résistance contre la déchéance.

Mariana et Carlota, presque du même âge, avaient entre elles des points de ressemblance si nombreux, de si sympathiques affinités qu'on eût pu les prendre à première vue pour deux sœurs jumelles.

Ce qui faisait le désespoir de Dona de R... en songeant qu'elle ne serait pas toujours la compagne de ses filles, était leur volonté inébranlable à ne point se marier et cependant, les plus beaux partis leur étaient offerts ; l'avenir leur laissait entrevoir dans le mariage, les plus séduisantes perspectives. Rien n'y faisait ; les deux amies avaient décidé dans leur énergique vouloir de consacrer leurs jours à l'accomplissement de leur idéal en commun. Peu faites pour les endurances de la vie claustrale, elles qui aimaient à se prodiguer au grand air, sous la vive lumière du grand jour, leur rêve était de trans-

former en refuge pour les enfants des classes
indigentes, leur habitation, le jour où Dona
de R... irait rejoindre son mari, tué dans une
insurrection déjà lointaine.

Dès leur première jeunesse, elles se rendaient quotidiennement à l'Eglise métropoli-
taine de la Matriz, où l'autel de la Vierge
était de leurs mains, paré de fleurs renou-
velées sans cesse, au gré de la saison. Dans
le trajet, les pauvres qui se trouvaient sur
leur passage, recevaient l'obole que les économies prélevées sur leurs petits avoirs mater-
nels, leur permettaient.

Un descendant d'un Grand d'Espagne, un
ami de leur père, leur fit présent d'un écrin
contenant pour chacune d'elles une parure
de grand prix, un collier pour Carlota, une
croix non moins richement ornée pour sa
sœur.

Parées de ces riches présents, Carlota et
Mariana obtinrent à une brillante soirée
dans leur monde, les suffrages de l'assemblée, par leur grâce native, dépouillée de
vanité, qui parfaisait le charme de leur
personne.

Le lendemain, toutes deux d'un commun accord, coururent à la Matriz offrir à la Madone, leurs précieux bijoux, lesquels furent en leur présence, attachés au cou de la protectrice de Valparaiso.

En plénitude de santé, Dona de R..., fut enlevée subitement par une congestion cérébrale, laissant ses enfants dans une profonde douleur et sans orientation apparente ; les deux orphelines n'ayant jamais épanché à qui que ce fût, leurs projets élaborés dans une tacite communion de pensées entre elles.

Leur maison fut bientôt transformée en école maternelle où les ressources de l'éducation chrétienne furent prodiguées avec un zèle infatigable aux enfants des familles pauvres de la classe ouvrière. La peinture, la musique où elles excellaient, la botanique même qu'elles étudiaient passionnément, furent délaissées pour l'enseignement de la morale appropriée aux intelligences naissantes que ces patronnesses de charité avaient pris à charge de développer en vue du relèvement de la famille, déjà contaminée par les dépravations du siècle.

La guerre entre le Chili et le Pérou, la révolution de la République chilienne, qui ont fait explosion depuis, ont-elles respecté ce sanctuaire de l'Enfance..... j'ose l'espérer sans y croire.

Une Légende

Passant un jour devant la grille en bois grossièrement charpentée d'un humble cimetière de Bretagne, je fus arrêté par la majesté dont la nature, aidée du temps, embellit de ses harmonies ce qui est abandonné à son œuvre d'impérissable création.

Tel était l'aspect de ce petit coin de terre bénite, dissimulé dans une dépression de la falaise, sa haute croix centrale émergeant en son symbolisme de repos et de paix, au-dessus de l'éternelle agitation des flots.

Un sycomore chétif enveloppait de sa ramure tordue par les rafales d'ouest, une pierre tombale taillée en tumulus. Aux mousses que les brumes fécondantes y avaient étalées en un tapis velouté, on avait l'impression que bien des années s'étaient succédé pour accomplir ce travail d'inaltérable patience du temps.

D'ailleurs aucun nom; nulle date ne se laissait soupçonner sous la peluche séculaire de ce linceul des siècles, périodiquement rafraîchi du renouveau des printemps. Cependant sur sa face antérieure se pouvait lire, au travers des marbrures ardoisées de maigres lichens, une inscription, en partie élimée de frustes érosions :

Parva domus, magna quies

devise stoïcienne, inspirée de haute philosophie chrétienne et qui personnifie et ennoblit si bien la mort.

Quels étaient les mânes qui reposaient sous cette épitaphe symbolique ?

Voici la légende :

Passionné d'aventures, avide d'inconnu, un fils de preux, dont les ancêtres avaient sillonné les mers pour courir sus à l'ennemi héréditaire, un jour partit en conquistador vers les lointains rivages, à peine explorés de l'Amérique méridionale, après avoir laissé à ses fermiers ses biens patrimoniaux.

Depuis longtemps, oublié de ses compatriotes à la suite de longues années d'absence,
sans qu'un écho leur ait apporté d'outre-mer
un renom de conquête, l'épisode d'une
aventureuse entreprise, d'historique tradition
chez les seigneurs de P... ....

Serrant le vent de près pour ne pas aller à
la côte, un vaisseau d'allures suspectes passa
en vue de ce petit port de pêcherie, paraissant obstinément y chercher un relèvement
d'atterrissage. A une manœuvre de voilure
inattendue qu'exécuta tout à coup le navire,
il fut facile de concevoir qu'une reconnaissance de la côte venait d'être obtenue. Or,
seule la silhouette de la grande croix du cimetière avait pu servir de ralliement pour un
mouillage, cependant peu probable en raison des hauts fonds de la baie, à cause de
l'action périlleuse des vents régnants.

Il se trouvait apparemment quelqu'un à
bord à qui n'était point inconnu le pays,
pour avoir fait ainsi orienter le navire d'après
un relèvement à lui connu. Engagé dans la
passe des caboteurs, le vaisseau sans plus tarder, mouilla sur deux ancres, à plus de

2 milles de la côte, son tirant d'eau ne lui permettant pas de s'en approcher davantage. Les couleurs de France furent en même temps hissées à la corne d'artimon où battait naguère le pavillon espagnol.

Le lendemain à l'aube, le navire ancré de la veille avait disparu, ne laissant dans les esprits que le souvenir éphémère d'une fantomatique apparition. Mais la bannière fleurdelisée — une mouette d'argent baignant sur une mer de sinople — des seigneurs de P... flottait, joyeuse de revoir le jour, au donjon de leur manoir.

Le dernier rejeton de cette maison, depuis longtemps éteinte aujourd'hui, était de retour ; en conquistador, il avait usé avec prodigalité des richesses alors vierges, des pays de l'or. Celles qu'il rapportait avec lui sur le galion qui lui avait donné passage, était une réserve pour la charité, le denier de Dieu destiné à la réparation d'un passé d'aventures où les jouissances matérielles furent plus souvent recherchées que les satisfactions morales.

Un vaste hospice pour les invalides de la

mer et de la vieillesse fut élevé dans le voisinage même du château seigneurial, détruits l'un et l'autre dans les guerres de Vendée. Il reste cependant debout de ces royales libéralités, un petit édifice qui fut dans le principe, consacré à l'éducation des orphelins de la côte.

Assoiffé de repos moral, ce sybarite devenu ermite, avait depuis longtemps fait graver sur l'écusson de la porte gothique du manoir de P... la devise épitaphique de sa dernière demeure, lorsque la mort vint lui apporter la réelle jouissance de son idéal.

Pro Patria

Dans une de nos provinces de l'Est, où le sens national est incessamment sensibilisé, où le sentiment de la Patrie est toujours en éveil au contact permanent de la frontière étrangère, vivait d'une modeste aisance, de cette *aurea mediocritas* du poète latin, la veuve d'un soldat que la guerre du Mexique lui avait pris, que les balles ennemies avaient enlevé à la France au moment où il

chargeait à la tête de l'escadron qu'il commandait.

G..., son unique enfant, était la seule consolation qui pût soulager la détresse de son
âme, qui pût distraire l'absence de celui
qu'elle appelait son mari, en donnant à ce
mot l'expression intensive que seule sait y
mettre l'épouse hautement digne de ce nom.

D'une évangélique douceur, cette femme
dont la volonté n'avait d'égale que l'énergie
de son amour maternel, avait rêvé d'instruire elle-même son fils, d'en faire un
savant, de l'élever à la hauteur de tous les
devoirs. Lorsqu'elle comparait à ses forces,
les apparentes insurmontabilités de son programme ; lorsqu'elle embrassait par la pensée, le champ de cette vaste conception, la
réalisation d'un si audacieux dessein lui
apparaissait une chimère.

Commençons, se dit-elle, à charger le
fardeau sur mes épaules ; chemin faisant,
j'y accommoderai mes forces, je l'équilibre-
rai à ma volonté. Et sans plus tarder, elle
se mit à l'œuvre.

Elle apprit le latin, qu'elle trouva facile et

attachant, lorsqu'elle put atteindre à la compréhension du génie des Virgile, des Tacite.... L'étude du grec, cette langue des dieux, lui procura de douces délectations intellectuelles. Elle avait meublé son intelligence de quoi transmettre à son fils, un brillant héritage d'érudition.

Entre temps, elle abordait non sans une certaine tiédeur, l'étude des sciences exactes, qui n'allait point à la mesure de son sentimentalisme de femme façonnée pour l'idéal. Le principal, à son estime, était d'amener son élève à se pouvoir perfectionner par lui-même, à l'âge où le développement intellectuel peut, avec le secours de la méthode, se continuer sans la didactique des démonstrations professorales.

La chimérique ambition de la mère devint, avec le temps, une récompensative réalité pour elle et pour son cher G... Celui-ci, très ouvert aux mathématiques, en avait fait sa principale culture.

Les fonctions d'ingénieur souriaient à ses visées d'avenir ; cette brillante perspective était, dans la destinée de son ambition, à la hauteur de son niveau intellectuel. Une première fois admissible à l'école polytechnique, G... avait un peu plus de 17 ans, quand éclata comme un coup de tonnerre, la guerre terrible...

Déjà, notre vaillante armée faiblissait sous l'écrasement du nombre, reculait devant la surprise des formidables armements de l'ennemi. La frontière française venait d'être franchie, le territoire foulé par l'envahisseur. Au deuil de la veuve vint se joindre, sous le toit de cette paisible demeure, le deuil de la Patrie. Les jours sombres se succédaient, se groupant en semaines, en mois, inutilement employés pour le jeune G...

Il avait le secret désir, l'impérieuse impulsion, en face d'un tel outrage à son pays, de lui sacrifier ses énergies, de lui donner son sang ; mais sa mère, sa mère bien aimée, seule ! Que deviendrait-elle sans lui, sans son appui !

L'ennemi, en hordes serrées, s'avançait à pas de géant en dépit de la traditionnelle bravoure de nos valeureux soldats, en dépit

de l'héroïque résistance de notre malheureuse armée. De palpitantes angoisses, de
mortelles perplexités assombrissaient le
caractère de G... La franche gaîté de la jeunesse au cœur haut, à la conscience droite,
avait été emportée dans le coup de vent qui
venait de se déchaîner.

Après avoir étreint de l'irrésistible frein
de sa volonté, les tendresses maternelles de
de son cœur, Mme N..., une de ces grandes
Françaises, chez lesquelles bat un cœur de
Jeanne d'Arc, dit un jour à son fils : « Tu n'as
jamais douté de ma tendresse ; me séparer
de toi, me sera cruel ; le moment de la séparation, une heure d'angoissante tristesse.

« Une mère plus éprouvée que moi appelle
ses enfants ! Est-ce en vain que la France,
blessée dans sa fierté de chevaleresque
nation, évoque ses traditions de gloire !

« Ne regarde pas mes larmes, ne t'arrête
point à ma douleur. Va mon fils !

« PRO PATRIA ! »

« — Mais, ma mère, votre personne qui
m'est sacrée, vos biens acquis par la légitime

noblesse du travail, le foyer où vous avez amassé tant de vertus..... sans défense !

« — Pars mon fils !

« PRO FOCIS !

« Sous le pied de l'ennemi, dans la tourmente de l'invasion, le sol natal est à la Patrie ! »

Paris

Carthage, cette grande cité où tout se vend, où l'on trafique de l'or et de la vénalité humaine, où la lutte pour l'argent est un labeur sans trève, où la fortune est l'unique convoitise des énergies humaines, où le travail s'acharne aux productions de la matière ; Carthage est encore debout.

Elle n'est point dans nos murs, ce qui est rassurant pour l'avenir ; parce que la Carthage moderne comme la Carthage antique, porte dans son sein, les signes fatals d'une dissolvante morbidité. Elle est un foyer de pernicieux contages pour les nations rivales. Et, s'il faut écrire l'histoire de l'humanité vivante avec celle des races similaires disparues, renouveau ininterrompu de tous les âges, le veau d'or, une fois encore, sera renversé de son piedestal, déchu de sa puissance virtuelle et passagère.

Si Annibal n'est plus là, c'est que Rome elle-même, d'où s'élevait ce cri d'anathème : *Delenda Carthago !* est aujourd'hui Capoue.

Rome, la rivale de Carthage, après avoir dominé le monde par sa puissance intellectuelle, par le génie de son art, n'est plus Rome d'autrefois, c'est la cité décadente du Bas-Empire.

Si l'infiltration cosmopolite n'en a pas encore fait la Babylone moderne, c'est que le caractère génial de sa race n'est pas encore éteint. Ses qualités dominantes, grâce à la vitalité de ses forces éthniques, flottent encore :

Fluctuant nec merguntur

Ses vertus s'appellent encore : générosité, dévoûment, charité.

Il serait superflu de mettre en lumière ici,

les grands actes de charité dont Paris
s'honore, d'esquisser en vigueur la spontanéité des dévoûments, l'abnégation des
générosités qui se coudoient dans tous les
milieux de ce vaste tourbillon humain.

De tous temps, la charité y a eu son
piédestal ; depuis la catastrophe du Bazar
de Charité, cette vertu essentiellement française, y a ses autels.

Je ne parlerai point de sa proverbiale bravoure ; je ne veux point rouvrir ici, la page
lugubre de son histoire récente, où ont failli
sombrer ses énergies, où se serait éteint
l'éclat de son soleil, n'eut été de la trempe
de son ressort, sans les ressources de son
Génie, symbolisées par sa noble devise.

Le mal dont souffre Paris est un mal de
langueur, un mal passager, que la reprise
de ses sens dissipera comme le retour à la
lumière chasse le mirage déconcertant d'un
mauvais rêve...

Un soir, en revenant de Saint-Cloud, où
nous nous étions attardés ma femme et moi,
à contempler les merveilles encore debout,
que l'art y a semées à profusion, à pénétrer

les mystérieux dessous des fatalités humaines, il nous fallut recourir, afin de ne pas nous laisser dépasser par l'heure déjà avancée de cette soirée de la fin d'octobre, il nous fallut recourir à un de ces tramways, encore rares alors à Paris, où les places disponibles sont avidement recherchées.

A la station suivante, une Sœur de Charité monta. L'intérieur était au complet, les plates-formes encombrées ; le ciel brumeux et froid, ainsi qu'il l'est souvent à Paris, au soir de la fin d'automne, n'était guère clément aux passagers d'extérieur. La religieuse allait s'accorer de son mieux à la main-courante de l'échelle d'impériale, lorsque de l'intérieur s'élança spontanément pour prendre la place de la Sœur et lui donner la sienne, une élégante jeune femme, une patricienne sans doute, du noble faubourg.

Aux Etats-Unis, il est de rigueur qu'un Yankee cède sa place à une femme empêchée par le nombre de s'asseoir, soit en tramway, soit en car, soit en stage. Si c'est un étranger qui ait cette courtoise politesse de vieille galanterie française, il est remercié, de ce salut discret et gracieux dont se sert avec un tact parfait, l'Américaine, lorsque dans la rue, elle veut autoriser une démonstration respectueuse à son égard.....

Rouge de honte de m'être laissé ainsi surprendre, ainsi devancer par la généreuse spontanéité de cette noble femme, je lui dis en la saluant bien bas, au moment de descendre de voiture : « Madame, dès lors que mon inadvertence n'a point su prévenir cet acte d'humilité de votre part, il ne m'était pas permis de vous offrir ma place ; les convenances exigeaient que je vous en laissasse tout le mérite. »

L'oubli de mes devoirs de politesse envers une femme, surtout quand cette femme est une religieuse, me valut une douce remontrance de ma femme :

« Si je ne t'avais cru fatigué, j'aurais éveillé ton attention dans la circonstance qui vient de se présenter ; mais l'hommage que tu as rendu à cette jeune femme, a effacé l'impression pénible qui me serait restée, de ton attitude sans doute distraite, car cet hommage à la noblesse des sentiments d'autrui, est une réparation digne de ton cœur! »

Le joueur d'orgue

Pendant une de nos saisons hivernales à Nice, se mourait de la poitrine, une jeune femme, habitant avec son mari qu'elle adorait, une des plus luxueuses villas de ce paradisiaque séjour, un de ces palais enchantés que les fictions mythologiques consacraient aux divinités terrestres.

Un joueur d'orgue se présentait chaque jour aux mêmes heures devant le perron de l'habitation, heureux de faire entendre à la malade, les partitions du sentimentalisme le plus mélancolique de son répertoire.

Une blanche et vaporeuse apparition, le répertoire exécuté, remerciait bienveillamment le pauvre troubadour, du geste et de la voix, en lui mettant dans la main, une piécette de sa cassette pour les pauvres.

Deux années s'écoulèrent sans que le joueur d'orgue donnât signe de vie. Enfin, de retour à Nice, son premier mouvement fut de se rendre comme à un pèlerinage, à la villa bénie. Quelle ne fût pas sa surprise, mêlée de cruelles appréhensions, en entendant les accents joyeux d'une gaîté qui n'avait jamais été l'hôte de cette demeure, autrefois paisible et silencieuse.

Son répertoire musical habituel achevé, une jeune femme, non moins belle que celle qu'il avait connue, parut à une fenêtre du rez-de-chaussée, suivie bientôt de son mari.

Cette sémillante mondaine avait remplacé l'absente, qu'une mort prématurée avait détachée de ce monde.

Voilà pour vous, dit la jeune femme en jetant aux pieds du joueur d'orgue, une pièce blanche, que celui-ci ne daigna pas voir. Le visage bouleversé, le pauvre hère s'en alla pour ne plus revenir.

Le Christ de Rubens

Dans une très ancienne église d'une petite ville du midi, où nous étions de passage, ma femme et moi, nous avons remar-

qué, à moitié dissimulée sous une couche
vétustaire, une toile, attribuée dans la contrée, à un élève de Rubens.

Ce tableau est une copie fidèle et magni-
fiquement traitée de coloris, du chef-d'œuvre
en ce genre, de l'école flamande.

La pensée du peintre se détache de la toile
pour transmettre en un jet de saisissante
vision, l'impression réelle de ce dramatique
dénouement.

Le Christ y est la personnification révélée
de la mort résignée au martyre pour une
rançon, la rançon du Salut des hommes. Sa
mère, douloureusement frappée dans ce
qu'elle a de plus cher, ensevelit sa douleur
surhumaine sous son voile de vierge.

Sainte Véronique, dans une attitude d'invocation céleste, prie celui qui vient de
donner sa vie pour le Genre humain.

Sous le costume recherché de sa mise
habituelle, sainte Marie-Magdeleine est là,
au pied de la Croix, agenouillée dans une
attitude sincère de repentir et d'imploration
au pardon de son divin Maître, dans une
extase d'amour et de sublime douleur, en

face du corps sanglant des souillures du
calvaire, de son divin et bien aimé Jésus.

Les péripéties de la vie humaine dans ce
qu'elles ont de plus élevé et de plus pathé-
tique, se trouvent unies dans ce merveilleux
ensemble de figures et de pensées.

La contemplation de cette scène émou-
vante est d'un effet si enlevant, disait ma
femme, que la vulgarisation du Christ de
Rubens, en copies réduites au gré des milieux, serait susceptible de transmettre un
reflet de dignité et de grandeur aux actes
de la vie humaine.

Je suis pénétré, lui ai-je répondu, de la
vérité inspirée de ce que tu dis là.

Miss Grandt

A l'époque où je perdis mon père, nous
étions dans notre station hivernale habituelle.

Ne voulant pas exposer ma femme aux
fatigues d'un long et pénible voyage, pour
un séjour très limité, je la confiai, toute
chagrine que je partisse sans elle, à une

Ecossaise, depuis quelques semaines descendue à la villa-hôtel où nous nous trouvions.

Miss Grandt, c'était son nom, avait dès leur premier contact, pris ma femme en grande estime et lui prodiguait les marques d'une profonde affection.

Ses cheveux blancs, en dépit de son âge, lui donnaient un air de matrone biblique qui seyait à merveille au rôle que dès sa jeunesse, elle avait imposé à sa vie entière.

Les enfants pauvres, les orphelins indigents avaient droit à ses faveurs; elle les appelait avec amour ses enfants.

En Angleterre, où elle séjournait fréquemment, sachant que la charité y avait un champ plus vaste qu'en Ecosse, elle suivait par les rues les petits malheureux dénudés par la misère et par les exigences de vice des parents. Elle les suivait jusqu'à leur demeure habituelle, s'enquerrait de leur filiation, quand de telles recherches étaient possibles dans de pareils milieux.

Lorsqu'elle ne pouvait s'emparer de l'enfant, elle le faisait surveiller avec vigilance après l'avoir vêtu proprement, par des affiliés de l'œuvre fondée par elle, jusqu'au jour où elle aurait l'heur d'obtenir des parents, presque toujours contre rétribution, l'abandon entre ses mains, de l'enfant à éduquer, à façonner pour le bien.

Ceux dont Miss Grandt avait le droit de s'emparer sans de plus amples formalités, étaient aussitôt conduits dans un vaste orphelinat élevé à l'Education des enfants abandonnés, par les grandes Dames de l'aristocratie britannique, venues en aide à Miss Grandt dans cette tâche délicate et immense.

D'un zèle infatigable, d'un dévoûment sans relâche, cette Sœur de charité, ainsi que je me plaisais à la qualifier, n'avait de pensée que pour les enfants pauvres, n'avait d'autre objectif que de soulager leurs misères, d'autre vanité que celle de les montrer grandis dans la vertu par la religion.

Je lui devais bien cette page de souvenir à cette vertueuse Ecossaise, pour l'affection qu'elle a prodiguée à ma femme et pour le service qu'elle m'a rendu en l'entourant d'attentions en mon absence.

La reconnaissance a toujours son heure.

Un homme de bien

A Aix-les-B... j'ai retrouvé, il y a quelques années, un de mes confrères que j'avais connu interne distingué des hôpitaux de L... Sa clientèle se composait de gens riches et de prolétaires ; ces derniers, c'est une superfluité de le dire pour ceux qui ont connu le docteur D..., étaient reçus et soignés avec une sollicitude doublée de science réelle. Les pauvres de la localité avaient chaque année, à l'expiration de la saison balnéaire, l'occasion de bénir ce bienfaiteur, que la fortune avait à propos comblé de ses faveurs.

M. D... s'était marié à l'âge où le célibat est souvent définitif, avec une veuve de même âge que le sien.

Douée de qualités intellectuelles et morales élevées, Mme D... eut bien vite conquis l'affection de son mari, qu'elle aimait d'ailleurs avec religion.

Les années s'écoulèrent ainsi entre eux, dans le calme d'une existence heureuse.

Mais, le destin jaloux planait au-dessus de cette patriarcale demeure, comme une nuée chargée d'orage. La maladie, une maladie longue dans son évolution, cruelle dans ses manifestations douloureuses, toujours mortelle dans son dénoûment, coucha dans la tombe l'épouse indispensable à l'harmonie de ce ménage.

De ce jour, la santé du docteur D... déclina ; une fissure, sans doute, s'était élargie dans son organisme et, laissant les choses suivre leur cours, il s'en remit à Dieu du soin de sa finalité.

Cette pente sur laquelle il se laissa glisser. ainsi que je le disais à ma femme, le poussa doucement à la délivrance à laquelle aspirait son chagrin.

Un matin, il s'éteignit, emportant les sincères regrets de ses amis, de ses camarades, des pauvres que tout particulièrement il n'avait point oubliés et des petits employés de l'établissement thermal, dont la caisse de secours fut dotée, de ce jour, d'une importante somme.

Le Collier d'Ida

Ma femme se faisait un heureux plaisir de recevoir la visite d'une fillette de 13 ans, dont la mère, veuve d'un général d'intendance, de Russie, était notre voisine d'appartement à N..., en 188.. Ida était le nom de la jeune fille, d'une soumission absolue à sa. mère, dont elle faisait volontiers, avec empressement même, les petites commissions, à défaut de la femme de chambre ; ce qui faisait dire à ma femme : « voilà un mode d'éducation vraiment distingué pour son émancipation des préjugés vulgaires » et dont riraient, ajoutais-je, les snobs de la bourgeoisie contemporaine.

Pourtant il y avait là, matière à analyse ; car ce n'était point l'intérêt étroit d'un esprit de parcimonie qui avait ainsi façonné à ce rôle de subalternité, cette bonne enfant. Sa mère, d'une éducation familiale de grande maison, tenait à ce que sa fille fut armée pour la vie, contre les infortunes et les déboires, contre les versatilités de la fortune.

Ida était fort instruite pour son âge, des connaissances littéraires qui agrandissent les facultés de l'intelligence ; elle parlait en outre trois langues assez couramment pour soutenir une conversation suivie, sans hésitation apparente. Je me rappelle avec quel engouement déclamatoire, elle débitait devant nous les fables de La Fontaine, dont ma femme mettait une ferveur à suivre les lectures rythmées, aux séances anthologiques de l'Athénée de N...

Elle était charmante lorsqu'elle se mettait en route, avec sa mise aussi modeste que soignée, pour aller à la ville, faire les courses d'utilité dont la chargeait sa mère. Il était rare qu'elle n'apportât à ma femme, qu'elle aimait affectionnément, les plus jolies fleurs du bouquet destiné à l'agrément de la chambre de sa mère.

Elle en était bien récompensée par ma femme, qui n'oubliait jamais en rentrant à l'hôtel, une surprise agréable à sa petite amie.

Un jour de fête, Ida fut invitée à une matinée d'enfants, donnée par la colonie russe au bénéfice des enfants pauvres. Le gros lot de la tombola était un collier de mille francs, offert à cette occasion, par le Duc de P..., depuis quelques années, très populaire sur le littoral. Ida, ce jour là, était ravissante à voir dans son costume à la russe ; une fleurette, que ma femme, sa bonne amie, ainsi qu'elle l'appelait, avait tenu à piquer elle-même dans ses cheveux noirs de jais, lui faisait une enfantine coiffure de bal qui lui seyait à merveille.

Elle eut à cette fête de matinée, le succès qu'elle recueillait dans tous les milieux de son monde, par sa grâce naïve et par l'expression de mélancolique douceur, que son origine tartare lointaine lui avait laissée.

Vint l'heure de la tombola ; le prestigieux collier, bien en vue pour l'allèchement des regards, faisait sourdre bien des espérances.

Que de fillettes, sans doute, éprouvaient d'avance à leur cou, la fraîche sensation des perles dont il était garni ! Le numéro gagnant venait de sortir, aux applaudissements de la galerie.

Une fillette s'avança pour recevoir des mains mêmes de la Duchesse de P... qui avait tenu à présider la fête, le bijou convoité ; c'était Ida. Un garçonnet, charmant enfant de onze ans, rejeton d'un grand nom de Russie, eut l'honneur d'accompagner à son bras, la favorite du sort, pour la conduire dans une annexe du jardin d'hiver où l'attendait pour la féliciter, un aréopage d'invités.

De retour à l'hôtel, où elle fut acclamée, Ida conçut un projet digne d'elle, à la hauteur des sentiments que révélait déjà cette âme d'élite. Elle en fit part à sa bonne amie, qui naturellement l'engagea à consulter sa mère et la complimenta chaleureusement de la généreuse pensée dont elle était mue. Le plan de la fillette était celui-ci : faire vendre le collier au profit des enfants pauvres ; en distribuer elle-même le produit à ceux qui lui seraient désignés comme les plus méritants.

Avec l'agrément de sa mère, qui fut tou-

chée jusqu'aux larmes, de la généreuse initiative de sa fille, Ida se fit accompagner
par un des membres les plus en vue de la
colonie russe, le comte K..., dans les maisons
les plus dignes de charité, où elle distribua
elle-même les répartitions du prix de son
collier.

Tel fut le touchant épilogue de cette fête
enfantine, dont la date, très nette dans mes
souvenirs, précéda de quelques jours le
tremblement de terre, dont les périodiques
et inquiétantes récidives nous séparèrent à
la suite de la dangereuse et alarmante
secousse du 12 mars....

Où êtes-vous Ida ? heureuse, je l'espère.
Votre bonne amie aimait à parler de vous ;
Elle prie pour ceux qu'elle a aimés, depuis
que Dieu l'a appelée auprès de lui !

Le chien de berger

Au début du splendide printemps qui sui-
vit l'hiver que nous passâmes à Hyères, séjour
sobre d'attractions en dehors des sites pitto-
resques et des lieux d'excursions qui l'enca-

drent, nous errions à travers la Crau, tout en suivant de quelque distance les méandres du G..., capricieux cours d'eau aux berges bocageuses, qui font les délices des amateurs et des paysagistes.

Un chien, un de ces grands chiens des Alpes, qui paraissait d'aussi loin que nous l'apercevions, courir en circuit dans le voisinage de la rivière, vint à nous en courant à toutes jambes dès qu'il nous eût aperçus.

Aussitôt, de s'approcher de ma femme, qui avait toujours pour ces bonnes bêtes un mot captivant, lorsqu'elle n'avait pas à leur offrir une friandise. L'animal semblait plus préoccupé de l'écarter du sentier que nous avions pris, que de ses caresses ; aussi, attirait-il ma femme en amont, en mordillant le bas de sa robe avec une persistance qui prenait des proportions inquiétantes à mesure que nous avancions.

Nous marchions ainsi, devisant ensemble sur les instincts précieux de ces animaux, sans le concours desquels les immenses troupeaux de moutons des Alpes ne pourraient être contenus et dirigés, quand un cri d'effroi poussé par ma femme, me fit arrêter court en m'arrachant brusquement à mes réflexions mêlées de rêveries, inspirées par l'enchantement du milieu.

Un serpent aux couleurs sombres, une vipère, lovée en anneaux mobiles, déroulait ses replis à notre approche, se dirigeant de toute sa vitesse vers une vieille souche d'arbre terrassé par un coup de vent. Quand tout à coup, comme paralysé par un choc invisible, le reptile fut figé dans ses mouvements. En m'approchant de plus près, je reconnus que la vipère avait subi l'action hypnotique du regard du chien de berger, venu à notre aide pour la sécurité de ce passage.

En esquissant ce petit épisode, je tremble encore de l'effroi de ma femme en face du reptile ; mais combien d'années de ma vie ne donnerais-je pas pour revenir à ces heures alors bien éloignées de l'heure fatale qui me l'a ravie.

Je vois encore les fenêtres de fronton de sa chambre à l'hôtel B... S... d'où nous assistions aux expériences pyrotechniques nocturnes de l'escadre française, ambiantes

féeries pour le présent, ambiantes espérances pour l'avenir !

Les Lieux Saints

Un Orientaliste roumain, exégète entre
temps, qui occupe à l'Université de B... la
chaire des langues aryennes, brûlait du désir
de faire le pèlerinage de Jérusalem. Il partit
donc, profitant des loisirs que lui donnait
la saison des vacances, pour cette contrée
encore toute imprégnée, à dix-huit siècles
de distance, de la divine sainteté de Celui
qui l'a immortalisée, et que visitent chaque
année, aux anniversaires les plus marquants
de la vie de Jésus, d'innombrables légions
de pèlerins.

Chaque pas qu'il faisait sur cette terre
féconde en miraculeuses et retentissantes
conversions, lui rappelait une phase du
passage du Sauveur en cette vie de tribulations, providentiellement préparée pour lui
en vue du relèvement de l'humanité déchue,
en vue du rachat des méfaits du Genre humain.

Il y respirait, nous disait-il, à ma femme et à moi, une atmosphère troublante dont les effluves enivrants exaltaient en son âme et dans son cœur la foi religieuse que l'éducation première y avait infusée et qu'une étude approfondie des textes sacrés avait affermie.

Ne pouvant plus contenir l'exultation débordante de son cœur ; mu par ce ressort inflexible, il courut à un prêtre catholique, le suppliant de lui accorder par la confession le pardon de ses fautes et de lui donner la communion suivant notre rite.

Le prêtre, préposé à la garde des Lieux Saints, comme à l'observance des préceptes divins qu'y a fait germer le sang de Jésus, ne crut pas devoir obtempérer au désir très louable, mais irréalisable de M. G..., notre commensal à la villa V... à N..., parce que celui-ci avait le tort d'appartenir en cette occurence à l'orthodoxie.

Il revint donc de son pèlerinage, doublement impressionné, heureux d'emporter avec lui quelque chose de la vivifiance des Lieux Saints, marri de n'avoir pu, sur ce chemin de Damas, obtenir son passage d'emblée de son Eglise à la nôtre.

Il avait encore l'accent de ses premières émotions en nous narrant les stations de cette mémorable visite au tombeau du Sauveur.

La piété chez la femme

Une vieille femme avait reçu de ses parents une éducation aussi sage que modeste ; initiée de bonne heure aux soins du ménage maternel, elle fut, sa réputation faite, recherchée comme domestique.

La famille d'un ingénieur, de passage dans le midi, eut la bonne fortune de la prendre à son service, et la jeune fille le rare privilège de rencontrer chez ses nouveaux maîtres, la mise en pratique des vertus chrétiennes. Elle ne savait comment exprimer son bonheur à sa mère satisfaite, de son côté, de savoir sa fille si bien placée selon ses vœux, selon les vues de Dieu sans doute.

La jeune maîtresse, tendrement aimée de son mari, vint à mourir à la fleur de l'âge,

de cette cruelle maladie que les climats méri-
dionaux n'ont point encore le secret de guérir.

Après une année passée au service de son
maître, dont elle appréciait les nobles qualités, la pauvre domestique rentra chez ses
parents, le cœur encore saignant de la mort
de sa chère maîtresse, dont elle avait fait
son idéal, sa madone, ainsi qu'elle l'appelait,
parce qu'elle la trouvait parée de toutes les
beautés célestes.

Après s'être mariée, son mari, ouvrier de
voirie, l'emmena dans une ville du centre,
où ses journées devaient être mieux rétri-
buées. Ce n'était point pour cela, l'aisance
entrevue, l'existence rencontrant plus d'exigences à la ville qu'à la campagne ; mais la
femme savait s'épargner les petites satisfactions matérielles, faire litière de coquetterie
afin de faire toucher les deux bouts, à quoi
son mari contribuait d'ailleurs, par sa labo-
riosité signalée et par sa tempérance citée.

Le Ciel n'ayant pas cru devoir exaucer
ses vœux, elle n'eut pas d'enfants, ce qui
mettait le vide dans son intérieur, aux heures d'absence de son mari. Elle résolut de

faire des ménages, ce qui l'occuperait lucrativement et lui permettrait, par ce surcroît de gain, d'amasser pour l'heure de la vieillesse, la modeste retraite à laquelle leur donnaient bien droit leurs peines. Avec les vieux jours vinrent les infirmités pour le mari, lequel se trouva dans la nécessité de renoncer au fruit du travail. L'invalidité du mari ne rebuta pas l'épouse, toute vieille qu'elle était déjà ; c'était un enfant dont la Providence lui donnait la charge. C'est ainsi qu'elle acceptait l'épreuve.

Depuis ce moment, la pieuse femme n'a jamais omis d'aller demander à Dieu, chaque matin, à l'église de sa paroisse, la bénédiction de son travail quotidien; aussi, s'en trouve-t-elle bien, puisque, avec ses seules ressources, le vieux ménage vit au sein d'une exquise propreté, ce luxe du pauvre laborieux et digne.

Je l'entends encore me dire : « je me sentais plus forte pour la fatigue, plus robuste pour le travail, lorsque je venais d'entendre la messe, pendant laquelle je demandais à Dieu de daigner bénir ma journée. »

Un Mariage à l'Assomption

Les Petites Sœurs de l'Œuvre de l'Assomption, dans leur mission pour le relèvement des classes pauvres, ont fréquemment à faire des baptêmes, des communions et des mariages, ample moisson d'âmes, ample récolte pour l'avenir de la famille, cette image réduite de la Société.

Ce sont des cérémonies touchantes et d'un caractère solennel, qui empruntent leur profondeur de la sincérité des liens contractés, de la gravité de cet engagement mutuel, lorsque ce sont des mariages à bénir ou à régénérer par le Sacrement de l'Eglise.

Un de ces mariages contractés par le concours des circonstances, dans ces milieux de mœurs primitives, a été définitivement soudé par le Sacrement de l'Eglise, il y a quelque temps, dans la chapelle même de la Communauté.

La cérémonie a été officiée par l'aumônier de l'Œuvre, lequel, comme dans toutes les occasions de cette nature, a prononcé une allocution tout imprégnée de cette morale religieuse qui transmet un charme de poésie à tous les actes de la vie.

L'office terminé, les mariés se sont avancés au bras l'un de l'autre, au-devant des Sœurs de la Communauté. La mariée quittant le bras de son mari, prit la main de la Supérieure et lui tint ce langage, d'un touchant sentimentalisme : « Veuillez me permettre, ma Sœur, de vous embrasser, puisque Dieu vient de me donner le droit de vous regarder en face ; maintenant que je possède le bonheur d'être de la famille des Petites Sœurs de l'Assomption. »

Tandis que Dieu pénètre dans ces couches profondes pour y faire entendre sa voix et que la religion chrétienne y fait percer la clarté de ses rayons, c'est quelquefois l'inverse qui se produit dans les sphères élevées où généralement l'éducation maternelle ne fait pas défaut.

Un Intendant militaire, M. G..., nous fit à ma femme et à moi, le récit suivant : « J'avais une nièce que je chérissais comme ma fille ; je l'ai mariée hiérarchiquement selon mes visées ; mais son mari était, paraît-il, un de ces libres-penseurs qui ne font pas montre que pour eux-mêmes de ce décor de circonstance.

« La femme que je lui avais donnée, charmante par sa piété, fut graduellement déchristianisée par la désagrégeance des soi-disant doctrines de son mari. Elle descendit jusqu'à l'athéisme, cette pente nihilisatrice.

« Lorsque je la revis, quelques années après son mariage », ajoutait l'intendant, « ma nièce avait subi cette délétère action au point d'en être méconnaissable à mes yeux.

« Lorsque je pus mesurer la dévastation de son âme, je me retirai le cœur navré, mais non sans jeter au mari, qu'il ne lui appartenait pas de détruire les croyances de sa femme, sans dire à celle-ci : « Vous « aviez le devoir sacré de rester fidèle aux « saints enseignements que vous avait légués « votre pieuse mère ; je ne vous reverrai « plus jamais ! »

La femme sans religion, disait M. G..., est dans ses actes, d'un réalisme vulgaire. Quelque élevée que soit son éducation, la femme qui manque de religion est un bel esprit sans âme. Je n'entends point parler ici, ajoutait-il, de la dévote mondaine qui n'a de la religion que le fard; c'est une artificielle sans signifiance.

D'un jugement servi par un talent réel d'observation, classique érudit, M. G... possédait ses lettres à fond; d'une science encyclopédique en jurisprudence, en droit administratif, c'était un savant.

Souvenirs vécus

Mme la Supérieure du Couvent de l'Adoration R... à L... me fait la gracieuseté de distraire de la bibliothèque de la Communauté, pour me procurer l'agrément de les lire, les ouvrages qu'elle prend soin de choisir elle-même, avec le tact qui la caractérise. Entre autres livres, d'un intérêt saisissant par les faits exposés, séduisants par leurs qualités littéraires, s'en est trouvé un, récemment paru, de F. Rouvier.

Cette très attachante lecture m'a fait revivre tout un passé d'impressions vivement

senties, lesquelles s'effaçaient graduellement à l'horizon du soir, dans la brume des
années vécues. Et puis, la vie associée à celle
d'une compagne dont l'intensité d'affection
et de dévoûment fait oublier le temps et son
passé ; n'est-ce pas là surtout la raison de ce
délaissement des réminiscences du jeune âge.

Que d'épisodes remémorés, que de lieux
visités par moi y sont décrits et mis en
lumière sous des couleurs d'une saisissante
réalité.

Il me semblait, en feuilletant ce livre, que
l'auteur m'y conduisait par la main, me montrant une dernière fois, dans un mirage
lointain, ces contrées ignorées où la nature
inviolée a conservé intact, le caractère
d'impassible majesté et d'inépuisable fécondité que lui a imposé le Créateur.

Les savanes sans horizon, les forêts d'âge
géologique aux frondaisons d'un couvert
sans fin, les fleuves diluviens, les ciels en-
soleillés d'inexorables torridités des latitudes intertropicales ; les océans sans limites, émaillés d'archipels paradisiaques, les
autochtones de mythologique primitivité des

mornes solitudes océaniques de l'hémisphère austral se sont déroulés à mes souvenirs, dans un panorama magique, de suggestionnantes et de nostalgiques visions.

Combien de noms, que je croyais effacés de ma mémoire, me sont réapparus avec l'intensité de l'empreinte que les années n'ont point émoussée. Combien d'excursions j'ai reparcourues, comme si elles étaient d'hier, sous les grands bois, au milieu des savanes de la Guyane, dans les immenses clairières, sur les diluviales rivières de l'Afrique centrale, à travers les arborescences des coraux, au sommet des cirques transformés en lacs, de l'Océanie. Tous ces tableaux grandioses, encadrés de mers pacifiques, baignés d'océans aux lames montagneuses, sous le radieux éclairage d'un perpétuel soleil.

Derrière ce décor de mirage, je revois les navires-stationnaires, au mouillage dans des criques pestilentielles, enveloppés dès le soleil couché, d'un linceul de brumes mortelles, le cortège des fièvres infectieuses, fauchant à grande coupe nos équipages anémiés, sans résistance contre un climat dévorant, sous un soleil de feu, foudroyant le téméraire qui en ose affronter les pernicieux effluves.

Dans ces fascinantes contrées plane, à l'état latent, une permanente imminence d'épidémie, que gazent de leurs hypnotisantes langueurs, les enchantements du milieu.

Un indéfinissable attrait y règne souverainement, subjuguant les velléités de retour au pays natal, paralysant les tentatives de lutte pour la vie, annihilant les instincts de préservation contre les délétères ambiances.

De retour au pays des compétitions sociales, où la part de soleil est disputée âprement, le charme emporté devient nostalgie. Les heurts de la vie terre à terre, les préjugés factices du ton et du mode de vivre, ce protocole des sociétés policées, sont des chaînes autrement lourdes, des obstacles autrement entravants que le miasme qui tue en pleine illusion de la vie, sans la faire regretter.

Au nombre des personnages, dont la plupart me sont connus, je retrouve un nom dont j'ai conservé le souvenir comme celui

d'une phase heureuse de ma vie. Ce nom, de
la Richerie, appartenait à l'un de nos gou-
verneurs coloniaux de l'époque. Le galbe
napoléonien de sa personne, lui donnait une
physionomie d'un caractère austère ; par
ses capacités d'administrateur et sa haute
bienveillance, il était un gouverneur sympathique autant qu'estimé.

Mme de la Richerie, au profil à la Marie-
Antoinette, avait avec la reine de gracieuse et de douloureuse mémoire, d'autres
points de ressemblance. Elle en avait la
grâce majestueuse, l'esprit affiné et l'exquise
délicatesse de caractère. J'entends encore
Hortense, la reine de l'île des Pins, me disant
de Mme de la Richerie : « J'aime madame la
gouverneresse de Calédonie, autant pour sa
profonde piété que pour la souveraine bonté
dont elle est prodigue. »

Elle avait deux charmantes filles ; l'aînée,
d'une culture intellectuelle exceptionnelle
pour son âge et d'une aristocratique beauté ;
la plus jeune, délicieuse enfant de 9 ans environ, à laquelle Pomaré, sa marraine par
procuration, avait donné le doux nom de

Mahéva, que portait la reine de Bora-Bora, sa fille.

A Tahiti, nous fûmes touchés de l'explosion de regrets que le départ de la famille de la Richerie y avait provoquée et cependant, le Commissaire de la marine qui succéda comme gouverneur de l'archipel de Tahiti, à M. de la Richerie, était homme à atténuer par ses éminentes qualités à tous égards, de si vifs regrets.

Il me souvient d'une excursion que nous fîmes en touristes, de Nouméa à Païta, les dames en break, les messieurs à cheval ; toute la maison militaire du Gouverneur était de la partie. Cavalier médiocre, que j'avais déclaré être, il me fallait une monture facile ; M. de la Richerie se fit un plaisir de mettre à ma disposition, celui de ses chevaux auquel je pouvais me fier, un arabe de sang, qui trottait l'amble sans fatiguer son cavalier.

Le parcours suivi dans cette joyeuse chevauchée, nous étala les plus riants paysages qui se puissent rencontrer, même sur le versant Est de l'île, où l'abondance des eaux

a comblé les sites, d'une admirable ferti-
lité.

Le pont des Français et la ferme modèle,
que nous rencontrâmes dans le trajet de
retour, eurent tout particulièrement notre
admiration. Païta, avec ses quinconces natu-
rels de nyaoulis, au virtuel ombrage, ne
manque pas d'une certaine grandeur de
cadre, qui atténue la monotonie de cette
petite vallée.

Sous une clairière en salle d'ombrage,
improvisée par des ouvriers d'abatage de la
Transportation, eut lieu le traditionnel
pique-nique, couronnement habituel des par-
ties à la campagne.

Puis, vint le dîner d'adieu auquel je fus
prié pour la veille du départ de notre Stationnaire, dans les mers de la Polynésie.

J'y eus la touchante surprise de trouver
sous ma serviette, les cartes photographi-
ques de la famille de la Richerie, que ma
femme se plaisait à contempler dans mon
album, ainsi qu'elle le faisait pour tout ce
que j'avais aimé.

Tout cela est bien loin, hélas !

Mais, je reviens au livre de F. Rouvier, d'où m'avait un instant écarté ce débordement de souvenirs heureux.

La France d'autrefois fut colonisatrice de premier ordre, non seulement par les émigrations périodiques des cadets de famille, mais aussi et surtout par l'influence extensive de nos missionnaires.

Les peuplades que nous avons intérêt à nous assimiler, sont généralement faciles aux croyances religieuses, car le surnaturel leur plaît et leur initiation aux préceptes et aux rites de notre religion, les lie au conquérant pacifique et les soumet à ses exigences légitimes.

D'ailleurs, nos missionnaires ne se bornaient pas à catéchiser ; ils fondaient, je parle de ce que j'ai vu, à l'état de vestige, il est vrai ; ils fondaient des établissements agricoles d'une valeur considérable, au Canada, à la Louisiane, à la Guyane, aux Antilles, sur les côtes occidentales d'Afrique, à la Réunion, à Maurice aujourd'hui à l'Angleterre, à Mayotte, Nossi-Bé... et, quoique la marine, soucieuse comme toujours de ses devoirs, ait été de tout temps la protectrice autorisée de notre domaine colonial, c'est l'Angleterre, en fait de colonisation, qui détient le record, non seulement par la vigueur des coutumes du Majorat, mais aussi et surtout par l'action matérielle et morale, savamment ordonnée, de ses missions évangéliques, sous toutes les latitudes.

En cela, l'Angleterre n'a fait que nous imiter ; c'est pourquoi, elle nous a supplantés et dépassés.

Le couvre-feu

Les sonneries de l'armée française portent généralement dans leur accent musical et dans l'allure de leurs intonations, la signification qu'elles veulent exprimer.

Ecoutez la diane au lever du jour, claironnée sur un air gai de fanfare, qui invite à un exploit de chasse ou de guerre. N'at-elle pas l'accent impulsif qui provoque le réveil d'un camp ensommeillé de repos, pour la réparation des forces et des énergies nécessaires à l'action du lendemain.

Par la célérité de la mesure et par l'acuité de ses éclats de trompette, mêlés aux hennissements des chevaux et aux cliquetis d'armes, le boute-selle ne possède-t-il pas la suggestive impression, dans cette prise d'assaut en bon ordre de montures et d'étriers, d'une prise d'armes, pour une équipée de guerrière chevauchée.

La fanfare de clairons et de tambours, qui passe et fait bondir les cœurs, c'est l'écho lointain des marches accélérées de nos troupes, vers la frontière menacée. Ne sent-on pas dans cette allure mâle et scandée de formidables *fortés,* l'irrésistible entraînance qui soutient les courages, relève les énergies lorsqu'il s'agit, par des marches forcées, d'arriver au but.

Ecoutons les guerrières envolées de tambours, que dans le silence d'une nuit sombre, par rafales, le vent nous apporte... planperan plan, planperan plan... Si je ne me trompe, c'est la charge. Le nombre des tambours semble diminué ; c'est que la fusillade qui commence, en a couché déjà ; ce n'est bientôt plus qu'une tumultueuse symphonie

de coups de feu et d'éclats de tambours,
qu'une effroyable mêlée de combattants qui
semblent aux prises et lutter d'acharnement.
Mais, le feu s'éloigne, les tambours s'avan-
cent ; deux seulement restent debout, bat-
tant la charge, qui va *crescendo* ; c'est un
assaut. A l'aurore, nous verrons flotter sur
le bastion ennemi, le drapeau de la France !
car, ce sont bien les sons lointains de la
charge française, Bellone chantante qui
électrise au combat, enlève à l'assaut et
fait gagner des batailles.

Un silence solennel a remplacé le bruit
des combats. Les armes au clair, étincellent
aux premiers rayons du soleil levant ; les
tambours battent la chamade avec entrain,
à la vue du Général vainqueur, à la vision
de la France victorieuse !

Après la retraite, que suivaient avec fré-
nésie les chauvins ; avec des airs de crânerie,
les enfants de la rue, vient à son heure la
sonnerie qui termine et clôt la journée :
c'est le couvre-feu.

Je n'oublierai jamais la sensation de particulière tristesse qui me traversait, lorsque

j'entendais le soir, aux alentours des quartiers militaires, cette impressionnante sonnerie, où la note finale de ses deux strophes, traîne, s'effile et meurt en un mélancolique accent d'adieu !

J'eus comme malade, dans mon service à Cayenne, un clairon d'infanterie de marine ; c'était un méridional, très sensitif et d'un patriotisme sincère. Il éprouvait, m'assurait-il, la même sensation en sonnant cet air, dont il nuançait les notes à l'inspiration de son âme, quand je lui disais combien cette claironnerie du soir, aux colonies et à Bord, me secouait de frissonnements et me remémorait en un langage d'inexprimables visions, les serrements de cœur ressentis à l'heure de la séparation, les larmes furtives, au moment des adieux au pays !

Quelques années avaient passé sur ce petit épisode de ma vie coloniale. De retour en France, je fus un jour accosté par un homme, que je reconnus non sans émotion, pour le Clairon d'infanterie de marine, que j'avais vu à la Guyanne.

Depuis, il avait été envoyé à l'armée de

l'Est, au moment même où il aurait eu droit à sa libération. En entonnant un air de marche, il fut un soir atteint d'un éclat d'obus qui emporta, avec le clairon, la main qui le tenait. Et, comme s'il eût embouché son instrument familier, il me montra, en approchant de ses lèvres l'extrémité mutilée de son avant-bras, l'attitude dans laquelle il fut surpris par le meurtrier projectile.

Puis, continuant :

« Quand sonnait l'heure de l'extinction des feux, un indicible émoi m'étreignait. La poésie que vous vous plaisiez à voir dans cette sonnerie, avait pris dans mon imagination assombrie, le caractère lugubre d'un chant funèbre. C'est peut-être le chant du cygne, pensais-je, en songeant au sol envahi. Ce cauchemar troublait mon sommeil; assis sur mon lit de camp, je cherchais à ressaisir ma raison, troublée d'hallucinantes désespérances.

« Le désarroi de mon âme, le trouble de mes sens maîtrisé, instinctivement, mes regards se dirigeaient du côté de l'Est, y cherchant une lueur d'espoir. Il me semblait entrevoir dans le lointain de l'horizon, le crépuscule qui chasse les ténèbres de la nuit.

« Je m'écriais alors dans un élan de fervente confiance : « non, non, la France ne « peut pas périr, puisque reviendra l'heure « de la Diane, l'heure du Réveil ! »

ÉPILOGUE

Le sentimentalisme est une énergie. A cette formule matérialiste d'un siècle de lutte pour l'existence : « l'intérêt est le plus grand mobile des actions humaines », il faut opposer celle-ci : « le sentimentalisme est le mobile des grandes actions humaines ».

L'âge mystique de l'Inde antique ; le siècle d'esthétisme intellectuel de la Grèce ; le culte des vertus civiques à Rome ; l'épopée des martyrs du Christianisme ; les Croisades, la guerre de Vendée... sont dans l'évolution des peuples, des phénomènes de sentimentalisme, des époques d'idéalisme.

Lycurgue, Platon, Cincinnatus, saint Paul, saint Augustin, Jeanne d'Arc, sont des grandes figures de sentimentalisme.

S'il n'eût été un grand sentimental, Napoléon, avec toute sa science de stratège, n'aurait pas eu la puissance fascinatrice d'enchaîner à son génie, les Légions qu'il entraînait à la victoire.

Il n'aurait point laissé à la postérité les pages inspirées de Sainte-Hélène, qui sont en quelque sorte la rançon expiatoire de ses funestes errements, où s'échappe de sa conscience un cri de remords, à la vision des hécatombes humaines immolées à son insatiable ambition.

Don Bosco, et plus récemment le P. Chevrier, ces évangélisateurs sociologues, n'auraient jamais eu le privilège surhumain de ranimer dans les âmes perverses une dernière étincelle de survie vers le bien, si ces grands humanitaires, altérés de charité chrétienne, n'eussent été des charmeurs, des amoureux de l'idéal.

Toujours victorieuse, hautement acclamée par l'histoire, couronnée d'idéal aux temps où elle combattait pour le triomphe de l'idée, la France a cessé d'être la race hégémonique le jour où les intérêts secondaires, où les subtilités de la diplomatie ont remplacé, dans ses aspirations, la défense du faible, le triomphe du droit, cette devise sublime des peuples immortels !

L'art de la parole, dont les effets oratoires poussés aux violentes émotivités par Mirabeau, se sont élevés avec Démosthène, au plus haut pathétisme, cette odorante et chaude buée de sentimentalisme dont les pénétrants effluves enivrent l'âme de sublimes émotions ; le diapason sonore de la pensée, qui agite le cœur humain de mystérieuses et mélodiques vibrations.

L'éloquence, ce présent des dieux, a dit un poète ancien, est une des plus hautes manifestations du sentimentalisme humain, parce que cette charmeuse a le pouvoir de convaincre, la puissance d'enchanter.

« L'éloquence est un don de l'âme, lequel nous rend maîtres du cœur et de l'esprit des autres ».   (La Bruyère.)

S'ils n'étaient intimement trempés de sentimentalisme, les musiciens de talent, les compositeurs de grande facture ne sauraient, en leur langage divin, mettre en scène les nobles sensations de l'âme.

La peinture, la statuaire, comme la musique, ne sont-elles de vivantes incarnations de sentimentalisme, pour posséder le merveilleux secret d'incarner la pensée dans leurs œuvres.

« .... Il donne aux fleurs leur aimable peinture, »

a dit Racine. C'est à l'homme de s'inspirer des splendeurs que Dieu a universellement répandues avec la souveraine largesse de son incommensurable générosité.

L'Idéal ! cet objectif fait de subjectives aspirations vers les intangibles perfections de l'inaccessible infini....

Montons vers l'idéal ; élevons-nous sur la trace lumineuse de son sillage, dans une ascension infinie vers les esthétiques conceptions du Beau, dans la resplendissante lumière de l'éternelle Vérité. Et si notre idéal, comme un fugitif météore, échappe à nos envolées, soutenons notre vol dans l'orbite de ses radieuses clartés !

Tout entier à ma nouvelle famille, les Pauvres, une circonstance imprévue, inopinément vint me distraire de cette douce et réconfortante préoccupation ; pour me montrer ce côté d'un monde oublié où la vie se déploie en efforts hors d'haleine, s'use en luttes surmenantes, où les relations tiennent à de mensongères protestations ; pour m'attirer vers cet horizon depuis longtemps perdu de vue.

Un retour vers ces milieux de séduisantes attractions, de chimériques satisfactions, ne me semblait pas impossible ; mes yeux graduellement se reprenaient à cette accommodation nouvelle.....

Laissez-moi le charme de l'isolement qui éloigne des simulacres de la vie ; ne troublez pas le calme de solitude où se plaît la vie contemplative ; n'éveillez pas l'oubli qui laisse couler pour jamais au fond des eaux tranquilles du Léthé, les souvenirs encombrants, les regrets superflus;

Somno est cura !

sommeil bienfaisant où plane l'image d'une sainte !

J'avais, en écrivant les pages que je te dédie, l'espérance que se désemplirait mon cœur; vain espoir! mon cœur est aussi débordant de larmes qu'aux premiers jours.

Que faut-il donc pour obtenir une atténuation aux acuités de la vie, lorsque les heures trouvent à se remplir sans en rien distraire!

Si je regarde autour de moi, l'horizon me paraît moins sombre, l'espace moins désertique, le vide moins profond. Inspirée par mon état d'âme, cette ode, dans laquelle j'ai réfugié ma douleur, a été une oasis dans ma solitude.

Mais, il est des liens brisés qui ne se peuvent ressouder qu'au-delà de la tombe !

Laissons ma vie désemparée de sa voilure, courir sur son erre. Sois-en le gouvernail qui me guide vers le port que tu as rêvé pour moi, vers le port où j'ai l'impatiente aspiration d'atterrir ! Remonter le courant, je ne le puis et ne le veux ; ma destinée ne m'appartient plus.

Lorsque Dieu veut faire voir qu'une œuvre est toute de sa main, a dit Bossuet, il réduit tout à l'impuissance et au désespoir, puis il agit.

A quoi sert de lutter !

> Ils ont lutté contre la brise,
> Ils ont bravé neige et soleil ;
> Puis la tige soudain se brise ;
> La mort est là... C'est le réveil !

Stéphen LIÉGEARD.

TABLE

PENSÉES DE JEANNE

PAGES D'ALBUM

APPENDICE

ŒUVRE DE L'ASSOMPTION

RÉCITS ANECDOTIQUES

FIN

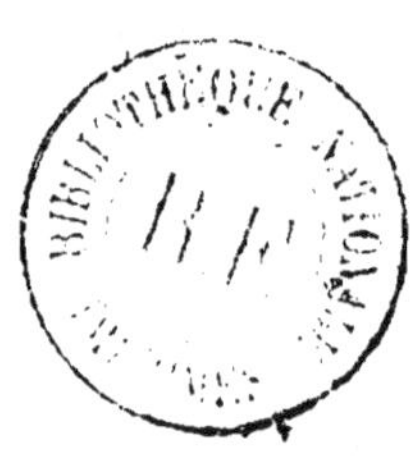

Lyon, imp. M. Paquet, rue de la Charité, 46.